Les milliards disparus
de la
Division Daguet

Cinquième Édition

15 octobre 2017

Prologue

29 janvier 1997

Nous sommes au large des îles Aléoutiennes, au nord-est de l'océan Pacifique.

Il est deux heures du matin.

Le ciel étoilé est magnifique et la température extérieure est de moins 60° Celsius. Notre altitude est de 33.000 pieds et nous avons une vitesse sol de 530 nœuds avec un vent arrière de 50 nœuds.

Fairbanks, principale ville du centre de l'Alaska, est notre destination. Notre avion continuera vers Paris après un changement d'équipage.

Nous portons les couleurs de la compagnie nationale et notre appareil est le B747/200 cargo immatriculé F-BPVV.

Le décollage de l'aéroport de Tokyo Haneda a eu lieu à 22 heures locale et nous atteindrons notre destination après 7 heures et 7 minutes de vol.

Le poids au décollage était de 350 tonnes et nous avons embarqué 90 tonnes de fret.

L'équipage est composé de trois navigants techniques : un commandant de bord, un officier pilote et un mécanicien navigant.

Je ne me lasse pas de parcourir la planète aux commandes d'un avion de ligne aux performances extraordinaires.

Au-dessus de nous trône la magnifique comète Hale-Bopp qui déploie sa longue queue au milieu des étoiles.

Le spectacle est extraordinaire.

Unique.

Nous avons la chance de pouvoir admirer l'une des plus belles comètes du siècle dans des conditions exceptionnelles : ciel clair, altitude élevée et une haute latitude, près du cercle polaire, qui nous permet de la voir pratiquement au zénith.

Un souvenir inoubliable qui reviendra souvent dans mes pensées nostalgiques de retraité.

Mais je ne savais pas, à ce moment-là, qu'après avoir piloté des avions de ligne pendant 20 ans, l'avenir allait me conduire vers une activité que je n'aurais jamais imaginée.

Dans les années qui allaient suivre, j'allais en effet consacrer toute mon énergie à lutter contre la corruption qui gangrène mon pays.

Jean-Charles DUBOC

Commandant de bord B747 retraité.

CHAPITRE 1 :

La mystérieuse disparition
des indemnités de la guerre du Golfe de 1991

Octobre 2006

Cela fait huit ans que je suis en retraite anticipée car la privation de sommeil a eu raison de ma santé.

Je suis devenu complètement insomniaque à force de parcourir la planète d'Ouest en Est, pendant des années, et de subir les effets d'un décalage horaire continuel.

Si le métier de pilote de ligne est absolument extraordinaire, il y a aussi l'autre côté de la pièce : un stress souvent important et des perturbations du rythme de vie qui désynchronisent les régulations biologiques du corps.

Le phénomène est bien connu et touche le personnel navigant technique, (les pilotes), le personnel navigant commercial (les hôtesses et les stewards), mais aussi les passagers qui voyagent beaucoup.

C'est l'une des raisons pour lesquelles la médecine aéronautique surveille de très près la santé des pilotes, gage de la sécurité.

Aussi, je me suis retrouvé en retraite anticipée à l'âge où beaucoup commencent la partie la plus intéressante de leur carrière professionnelle.

Après quelques années de repos et de récupération bien méritées, je me suis consacré au développement d'un projet de formation humaine des jeunes par la navigation océanique, en équipage, à bord de grands voiliers-écoles.

J'avais créé, à cet effet, en octobre 1993, un laboratoire d'idées, l'association « Les Clippers de Normandie », qui, au moment de mon départ en retraite, et sous l'appellation de « Clippers de France », comportait une trentaine d'amiraux et d'autres personnalités du monde maritime.

Cette association avait pour objet :

1/ De participer, à partir de stages embarqués sur des grands voiliers assurant une pratique de la voile et la découverte de la mer, à l'éducation, la formation et la réinsertion d'adolescents et d'adultes.

2/ De rechercher au préalable des partenaires publics ou privés pour le financement et l'exploitation de ses bateaux à voile.

Ce projet, dans sa dimension européenne, est disponible sur le site « Euroclippers ».

A partir de 1996, c'est l'amiral Charles-Henri Méchet, ancien préfet maritime de la Manche et de la Mer du nord, à qui j'avais transmis la présidence, qui allait essayer de convaincre les dirigeants politiques de construire des grands voiliers-écoles pour les jeunes !...

Peine perdue !...

Nos politiciens n'ont jamais voulu entendre parler de ce projet !...

Trop cher ?...

Je dirais plutôt que nos « chers dirigeants » sont plus soucieux de se « remplir les poches » que de trouver des solutions pour apporter une véritable formation humaine aux jeunes, basée sur la liberté, la responsabilité et la maitrise du risque calculé.

Ainsi, au bout de plusieurs années, j'ai fini par admettre que nos dirigeants politiques n'avaient vraiment aucun intérêt pour réaliser un tel projet.

Il y avait d'autres urgences : se remplir les poches, faire fortune !...

Aussi, lorsque j'ai appris que les indemnités de la guerre du Golfe de 1991 avaient été détournées par François Mitterrand, je me suis dit que c'en était trop !... Les limites de l'irresponsabilité et de la crapulerie avaient été dépassées !... J'ai alors décidé de passer à l'action, d'une façon tout à fait légale, contrairement à nos dirigeants qui s'estiment bien souvent au-dessus des lois.

Par mon métier, et mes différentes activités, j'avais la chance d'être bien informé sur des dossiers sensibles, pour ne pas dire explosifs.

A la fin novembre 1997, alors que je faisais des escales fréquentes au Moyen-Orient, j'avais été informé que le président de la république avait dérobé les frais de guerre de la Division Daguet, remboursés à la France par les pays du Golfe en 1991 !...

Début décembre 1997, lors d'un déjeuner au Yacht Club de France avec un général de l'armée de l'air accompagné de deux scientifiques spécialisés dans les nouvelles propulsions, j'ai eu la confirmation, au milieu du repas, de cette incroyable information.

Elle était parfaitement connue à l'Etat-major des armées !...

Malgré tout, j'ai effectué une seconde vérification auprès du RPR, dont j'étais membre, et l'affaire m'a été, de la même façon, confirmée !...

Fort du soutien de diverses personnes, j'ai alors avisé en janvier 1998 la Brigade de Contrôle et de Recherche (BCR) du Havre, dépendant de la Direction Nationale des Enquêtes Fiscales (DNEF), de ce détournement de fonds publics, qui, d'après les informations que j'avais pu avoir, était supérieur à un milliard de dollars !...

En fait, c'était beaucoup plus...

Puis, chaque année, j'ai écrit au ministre des finances pour savoir où en était l'enquête fiscale qui n'avait pas manquée d'être diligentée.

Finalement, en octobre 2006, afin de divulguer un peu plus cette affaire, j'ai mis en ligne, sur le blog « Euroclippers (1) » (rubrique socialisme et corruption), la lettre envoyée à Thierry Breton en avril de la même année.

CHAPITRE II :

Lettre à Thierry Breton

Vous trouvez ci-dessous un extrait de la lettre envoyée à Thierry Breton, Ministre de l'Économie, des Finances et de l'Industrie, le 20 avril 2006.

Elle expose l'action menée et, huit ans après sa rédaction, je n'ai rien à ajouter ou à retirer, mis à part que l'article 34 de la loi n° 2013-1117 du 6 décembre 2013, intitulée « DISPOSITIONS RENFORÇANT LA POURSUITE ET LA RÉPRESSION DES INFRACTIONS EN MATIÈRE DE DÉLINQUANCE ÉCONOMIQUE, FINANCIÈRE ET FISCALE » validée pour l'essentiel par le Conseil Constitutionnel (Décision n° 2013-679 DC du 04 décembre 2013), instituant « l'alerte éthique » entre citoyens, détourne ma démarche de son objectif.

Cette loi aboutit à l'institutionnalisation de la dénonciation, de la délation, et est digne d'un système totalitaire.

Malgré tout, le courrier à Thierry Breton est le plus abouti de tous ceux que j'ai pu envoyer aux ministres des finances.

D'autres lettres, telles que celles adressées à Dominique Strauss-Kahn (8 juin 1998) et à Christine Lagarde (20 juin 2008) sont disponibles sur le site « Alerte éthique (2) ».

« Monsieur le ministre,

Une dépêche de l'AFP, en date du 4 avril dernier, souligne que :

« l'OCDE a pris note des progrès accomplis par la France depuis deux ans dans l'application de la Convention de lutte contre la corruption des agents publics dans les transactions internationales selon un rapport publié mardi (4 avril) et salué par le gouvernement français (...) Ce résultat est la conclusion logique du très fort engagement des pouvoirs publics à combattre la corruption, souligne Bercy... »

Permettez-moi de vous féliciter, ainsi que vos fonctionnaires, pour cette appréciation très positive que l'OCDE porte sur les actions engagées par votre ministère afin de lutter contre la corruption qui est, comme chacun le sait, un des facteurs de développement des injustices dans le monde, et, par voie de conséquence, du développement du terrorisme.

Le RISQUE TERRORISTE n'appartient pas exclusivement aux fanatiques religieux, comme ceux d'Al-Qaida, mais peut aussi se développer au sein même de nos démocraties en réaction à une corruption de la classe politique.

Afin de développer cet aspect particulier, je vais prendre comme exemple LE POSSIBLE LIEN entre ce qui semble être un TRÈS IMPORTANT DÉTOURNEMENT DE FONDS PUBLICS, celui des indemnités de la guerre du Golfe attribuées à la France, et le MYSTÉRIEUX GROUPE AZF qui a menacé le réseau ferré au début 2004.

Ce développement est à prendre, bien entendu, avec toutes les réserves qui s'imposent, compte tenu des incertitudes existantes sur les deux dossiers...

En raison des hypothèses que je développe, et de la gravité des conséquences que pourrait avoir une réapparition du groupe AZF, une copie de ce courrier est envoyée à Monsieur Nicolas Sarkozy, Ministre d'État, Ministre de l'intérieur et de l'aménagement du territoire, et à Madame Michèle Alliot-Marie, Ministre de la défense.

Aviseur de vos services, il m'est nécessaire de reprendre l'action que j'ai menée auprès de votre ministère afin que vous puissiez prendre connaissance des documents relatifs au détournement de fonds en question.

L'affaire commença lorsque j'appris, en novembre 1997, d'un informateur anonyme, alors que j'étais commandant de bord à la compagnie Air France et que je me rendais très souvent en B747 Cargo à Dubaï, Abu-Dhabi ou Doha, que les indemnités de la guerre du Golfe auraient été dérobées par François Mitterrand, président de la République.

Je rappelle qu'au titre de l'indemnisation des dépenses militaires de l'opération Tempête du Désert les USA ont reçu du Koweït 13,5 milliards de $, le Royaume Uni 1,4 Md$, la Turquie 1,4 Md$, l'Égypte 970 millions de $, le Zaïre 20 millions de $, que 6,89 milliards de $ ont été attribués en "dépenses extraordinaires et d'urgence", et que la Presse s'est fait l'écho d'un versement à la France de plus de un milliard de $, par les Émirats Arabes (Courrier International du 28 novembre au 2 décembre 1998)

La première réaction d'incrédulité passée, j'ai pu faire, en décembre 1997, une première confirmation de cette information ahurissante au plus haut niveau de l'État-major des Armées.

J'avais, en effet, de par mes activités professionnelles et associatives, la possibilité d'être en contact avec de très hauts gradés de l'État-major de la Marine nationale, et de l'État-major de l'Armée de l'Air.

J'ai réussi, de plus, à obtenir début janvier 1998, une confirmation de ce détournement par le parti politique auquel j'appartenais, le Rassemblement Pour la République.

Les officiers et les élus RPR qui l'ont découvert étaient scandalisés par ce détournement de fonds, car si la somme dérobée est colossale, le crime contre la morale n'est pas tolérable... En effet, cet argent est celui du sang de nos soldats, et il doit être considéré comme sacré.

EN RAISON DES CERTITUDES ACQUISES SUR LA RÉALITÉ DE CE DÉTOURNEMENT DE FONDS, J'AI DÉCIDÉ, AVEC UNE AUTRE PERSONNE, MONSIEUR X, DE LE DÉNONCER AU MINISTÈRE DES FINANCES ET D'EFFECTUER, AINSI, CE QUE L'ON APPELLE MAINTENANT UNE ALERTE ÉTHIQUE.

Il n'y avait, à l'époque, aucun système véritablement efficace « d'alerte éthique » destiné à lutter contre la corruption, ou des actes illégaux, au sein des grandes entreprises, et ce type d'action ne s'est développé que récemment.

Vous savez que, suite à la faillite d'Enron, le gouvernement américain a mis en place en 2002, avec la loi Sarbanes-Oxley, un système de contrôle des dirigeants des grandes entreprises sous l'appellation de « whistleblowing ». Celui-ci se met en place, progressivement, au niveau planétaire, et permet, ainsi, une information à la Justice par les employés confrontés à des comportements illégaux au sein de leur entreprise.

Ce système d'alerte ne doit pas être confondu avec la délation.

En effet, la délation est le principal moyen des totalitarismes, de droite et de gauche, qui permet de contrôler les citoyens se refusant à reconnaître les lois en cours, en général destinées à maintenir un culte de la personnalité envers un dictateur (Hitler, Staline, Mao, etc...).

L'ALERTE ÉTHIQUE EST EXACTEMENT LE CONTRAIRE DE LA DÉLATION.

Elle permet à l'individu de contrôler le dirigeant, qu'il soit à la tête d'une entreprise ou d'un État.

L'alerte éthique, en contrôlant les dirigeants, permet un meilleur fonctionnement de la démocratie, et de la gouvernance des entreprises. En effet, bien souvent, la véritable finalité du système démocratique est de donner au citoyen, ou à l'employé, le choix d'un maître qui pense et décide pour lui.

Si un système d'alerte éthique est mis en place, progressivement, dans les entreprises, il n'y a encore rien de comparable pour les États qui sont, au moins, aussi vulnérables que les multinationales.

Je fais, ainsi, au sujet de l'alerte éthique, ces deux remarques principales : « Si cette pratique a fini par s'imposer comme une nécessité absolue pour assurer le fonctionnement correct des grandes entreprises, pourquoi n'en serait-il pas de même pour les États ? » / « Ne devons-nous pas contrôler nos dirigeants politiques de la même façon que les chefs d'entreprises, au moyen d'une alerte éthique, rémunérée ou non, pour éviter les détournements de fonds publics, qu'ils soient en France, en Europe, ou, d'une façon plus globale, dans tout État de la planète, quel que soit le continent ?...»

Ces deux questions sont à la base de mon action sur ce qui semble être le DÉTOURNEMENT DES INDEMNITÉS DE LA GUERRE DU GOLFE 90/91 par François Mitterrand.

J'ai immédiatement obtenu, suite aux informations relatives à ce détournement, un important soutien, de diverses personnes, pour résoudre ce problème.

La première analyse révélait un important dysfonctionnement de votre ministère.

Très rapidement, un rendez-vous a été pris pour le 19 janvier 1998 à la Brigade de Contrôle et de Recherche (BCR), de la Direction Générale des Impôts, à l'Hôtel des Finances du Havre.

J'étais accompagné de Monsieur X, qui désire rester anonyme, et nous avons avisé le ministère des Finances de ce détournement de fonds, dont nous savions qu'il était supérieur à un milliard de dollars.

Les informations ont été reçues par messieurs P. A. et B. B., inspecteur et contrôleur à la Brigade d'Intervention Interrégionale de Lille, dépendante de la Direction Nationale d'Enquêtes Fiscales (DNEF), et messieurs P. C. et M. M., contrôleurs divisionnaires à la BCR du Havre.

J'avais auparavant effectué une première information à la Justice, et à la Presse, en envoyant une lettre anonyme, intitulée "le Trésor de la Momie", sous le pseudonyme du « Capitaine Haddock » Celle-ci racontait les aventures de « Grand Pharaon Mitterrandpeth » dérobant les indemnités de la guerre du Golfe.

Ce courrier a eu un certain succès au Syndicat National des Pilotes de Ligne (SNPL), puisque que l'information a commencé à circuler dans les cockpits.

J'ai demandé régulièrement à votre ministère, en courriers recommandés avec accusé de réception, les résultats de l'enquête en cours, suite aux informations que nous avons déposées.

Vous trouverez ci-dessous un rappel des courriers envoyés :

1/ Le 22 février 1998 à la BCR du Havre ;

2/ Le 02 juin 1998, à Monsieur Jean-Pascal Beauffret, Directeur Général des Impôts. Ce courrier a été envoyé pendant la première journée de grève des pilotes de ligne de la compagnie Air France, pendant le Mondial de Football. J'étais en contact constant, à l'époque, avec les responsables du SNPL qui étaient des collègues de promotion ;

3/ Le 08 juin 1998, à Monsieur Dominique Strauss-Kahn, ministre de l'Économie des Finances et de l'Industrie. Ce courrier a été envoyé lors de la première journée de la deuxième semaine de la grève des pilotes, par télécopie au ministre, à ..., et à une grande partie de la Presse. Il avait été entendu, auparavant, avec Jean-Charles Corbet, président le Bureau Air France du SNPL, que si la Direction de la compagnie Air France déclenchait une forte offensive au moyen de la Presse et des Médias, le SNPL allait lâcher sur les ondes, en Mondovision, l'information du vol des indemnités de la Guerre du Golfe, par l'Arsouille. L'effet était garanti. La grève s'est arrêtée dans la nuit du 8 au 9 juin...Nous avons été tous très surpris de la rapidité de la capitulation en rase campagne du Gouvernement. Le dossier était vraiment très chaud ;

4/ Suite à ce courrier, et à l'arrêt de la grève, j'ai reçu le 6 juillet 1998, un courrier de Monsieur B. P., du bureau CF 1 de la sous-direction du Contrôle Fiscal à la Direction Générale des Impôts, qui m'informe que je comprendrais que la règle légale du secret fiscal ne me permet pas d'être informé des suites des faits dont j'ai avisé les services fiscaux du Havre. En bref, j'ai le devoir de payer des impôts, la possibilité d'être contrôlé fiscalement, mais pas de demander des comptes sur la gestion de l'État, s'il y a des anomalies ;

5/ Le 29 août 1998, à Monsieur Dominique Strauss-Kahn, ministre de l'Économie et des Finances. Ce courrier demande au ministre de transmettre les résultats de l'enquête au SNPL. Sans réponse ;

6/ Le 23 novembre 1998, à Monsieur Dominique Strauss-Kahn. Je réitère ma demande sur l'enquête en cours en précisant que Monsieur P. P., de la sous-direction du Contrôle Fiscal, responsable du dossier, m'a confirmé que je n'ai pas accès aux résultats de cette enquête. Sans réponse ;

7/ Le 27 décembre 1999, à Monsieur Christian Sautter, ministre de l'Économie et des Finances. Je demande simplement que le ministère me communique la somme reçu par la France au titre des indemnités de la Guerre du Golfe. Sans réponse ;

8/ Le 21 février 2000, à Monsieur Christian Sautter, sous forme d'une lettre ouverte envoyée à la Presse. Question identique, toujours sans réponse ;

9/ Le 3 avril 2000, à Monsieur Laurent Fabius, ministre de l'Économie, des Finances et de l'Industrie, sous forme d'une lettre ouverte. Sans réponse ;

10/ Le 20 juillet 2000, à Monsieur Laurent Fabius, une nouvelle fois, et toujours sans réponse ;

Je commençais à être las, lorsque j'ai envoyé un courrier à Jean-Pierre CASAMYOU, rédacteur en chef de la revue Air & Cosmos, avec copie à la Délégation à l'Information et à la Communication de la Défense (DICOD).

J'espérais qu'avec une lettre officielle à la Défense Nationale, le ministère des Finances allait enfin se manifester...

C'est ce qui s'est passé, puisque le 29 janvier 2001, en présence d'un représentant de la DGI, et sur sa demande, un officier de la Défense Nationale est venu à mon domicile pour m'apprendre que, suite à mes courriers, une enquête avait été ouverte, et qu'une vérification de la comptabilité de la Défense avait été entreprise. Celle-ci a confirmé qu'aucune somme n'a été versée au titre des indemnités de la guerre du Golfe (...).

Suite à cet entretien, et ayant réussi à provoquer une enquête, j'ai demandé, le même jour, c'est-à-dire le 29 janvier 2001, une prime d'aviseur de 1% du détournement de fonds.

Cette demande a été reçue à Bercy le 31 janvier 2001.

Compte tenu de l'inertie de la Direction Nationale des Enquêtes Fiscales il me semble souhaitable que ce dossier soit, enfin, transmis aux douanes qui réaliseront vraisemblablement une enquête qui devrait se révéler beaucoup plus performante que celle de la DNEF.

Avouez que si votre ministère se met, enfin, à la recherche de ces fonds mystérieusement disparus, vous pourriez récupérer une part importante de cette somme, améliorer le budget de l'État et récupérer beaucoup plus que la prime d'aviseur qui a été versée (...).

Je tiens à souligner que si vous estimez que c'est la cupidité qui a motivé notre action, vous vous trompez totalement, et ceci pour trois raisons :

- La première de ces raisons est que les informations sur ce détournement de fonds ont été transmises à votre ministère en janvier 1998 alors que la demande prime a été effectuée en janvier 2001, soit trois années plus tard....

- La seconde raison est que cette demande de prime lève la prescription des 10 ans...

- La troisième raison est que je m'engage à verser une partie de ma prime à des Fondations...

LA PRINCIPALE RAISON QUI A MOTIVÉ NOTRE ACTION EST DE PORTER UN COUP DÉFINITIF A LA CORRUPTION DE LA CLASSE POLITIQUE ET DE RÉTABLIR LES CITOYENS/NES DANS LEURS DROITS, DONT LE PREMIER EST CELUI DE CONTRÔLER LES DIRIGEANTS...

Le cas du détournement des indemnités de la guerre du Golfe doit faire école en France, en Europe, et, plus globalement, sur l'ensemble de la planète.

Je suis tout à fait conscient des multiples obstacles, freins, blocages, inhibitions qui ont empêché vos hauts fonctionnaires d'agir lorsqu'ils ont pris connaissance de ce détournement de fonds - dès le premier jour ?... – et lorsqu'ils ont refusé, ensuite, d'ouvrir une véritable enquête lorsque j'ai informé votre ministère.

Il se trouve que les conséquences de ce qui semble être le détournement des indemnités de la guerre du Golfe pourraient être bien plus graves que n'ont pu l'imaginer les principaux responsables de ce crime d'État, et c'est la principale raison qui m'a conduit à vous adresser ce courrier.

L'analyse que je fais actuellement est que ce très important détournement de fonds publics pourrait avoir provoqué, d'une façon ou de l'autre, l'apparition du groupe à caractère terroriste AZF.

En effet, l'affaire du détournement des indemnités de la guerre du Golfe a été largement diffusée sur Internet de septembre 2001 à janvier 2005, et l'apparition d'AZF pourrait, tout simplement, être liée à un terrible sentiment de trahison d'un groupe de militaires qui s'estimeraient, avec raison, avoir été trompés, abusés, floués, par l'ensemble de la classe politique...

Le caractère NEW AGE d'AZF serait repris de divers textes disponibles sur Internet afin d'apporter une argumentation philosophique au groupe et de brouiller les pistes.

Pour un ensemble d'autres raisons, j'estime qu'il y a une DEUXIÈME POSSIBILITÉ concernant l'identité des membres du groupe AZF : C'est celle d'un groupe étranger qui se cacherait derrière l'identité d'un groupe de militaires français révoltés par le détournement des indemnités de la guerre du Golfe attribuées à la France, et qui ambitionne de déstabiliser d'une façon importante l'État.

Ces hypothèses sont d'une telle sensibilité que vous comprendrez que je m'abstiendrai de les développer dans un courrier officiel.

Je tiens à souligner que, connaissant relativement bien le milieu militaire, je privilégie fortement la deuxième hypothèse, celle d'un groupe exotique n'ayant rien à voir, ni de près, ni de loin, avec la défense nationale.

Des informations infirmant, ou validant, l'une ou l'autre de ces deux hypothèses, ou les deux, peuvent être obtenues auprès du ministère de l'intérieur et du ministère de la défense.

Cette présentation, très sommaire, d'un possible lien entre le détournement des indemnités de la guerre du Golfe attribuées à la

France et l'apparition du groupe à caractère terroriste AZF relève du confidentiel, et vous comprendrez que ce courrier n'a pas vocation, pour l'instant, à être rendu public. »

Fin du courrier à Thierry Breton.

Ce courrier était « explosif » mais il n'y a eu absolument aucune réaction du ministre des finances, ni aucune enquête de la presse et des médias, malgré le fait que je dénonçais un très important détournement de fonds publics et que je faisais un lien avec l'apparition du « groupe de pression à caractère terroriste AZF » !...

Incroyable !...

Le président était pourtant Jacques Chirac, profondément opposé aux socialistes, mais cela n'a pas suffi pour révéler au public cette affaire !...

Pour quelles raisons ?...

Tout simplement parce que la corruption n'est pas limitée à la gauche !...

Loin s'en faut !...

L'affaire d'un compte de 300 millions de francs de Jacques Chirac au Japon avait été évoquée dans la presse.

Et puis, les ″suicides″ de Pierre Bérégovoy et de François de Grossouvre ont fait réfléchir beaucoup de monde !...

J'ai réalisé, à ce moment-là, que nous étions devenus un authentique « totalitarisme mafieux » car un président de la république pouvait détourner des milliards en toute impunité.

Je savais aussi que le combat risquait d'être particulièrement long car un discours logique, et une approche transparente, n'ont que peu d'influence sur les dirigeants d'un totalitarisme qui sont naturellement enfermés dans leur autisme !...

D'ailleurs, j'ai pu le vérifier pendant toutes ces années car je n'ai jamais eu de réponse directe aux nombreux courriers envoyés aux ministres des finances qui se sont succédé à Bercy depuis 1998 !...

Le seul courrier que j'ai reçu a été envoyé par B.PAYS, directeur adjoint à la sous-direction du contrôle fiscal, qui m'informe que « *la règle légale du secret fiscal ne me permets pas de vous tenir informé des suites qui peuvent y être données* ».

Ainsi le « secret fiscal » permet à nos dirigeants de détourner des milliards !...

C'est encore plus fort que le « secret défense » !...

On croit rêver, ou plutôt cauchemarder...

Mais, fort heureusement, la demande de prime d'aviseur de 1% lève la prescription des dix ans et permet de poursuivre en justice les coupables, même vingt ans après.

D'ailleurs, plus récemment, dans la lettre envoyée le 29 janvier 2014 à Pierre MOSCOVICI, je précise que :

« *Je souhaite que la prime d'aviseur demandée, près de 73 millions d'euros, soit, dans sa quasi-intégralité, destinée à créer la « Fondation Division Daguet » qui aura pour objectif d'indemniser nos soldats tués, blessés, ou souffrant de divers syndromes comme le syndrome de la guerre du Golfe ou le syndrome psychique post-traumatique.*

Il est aussi possible de créer une structure qui répartira les fonds pour nos victimes du syndrome du Golfe.

Pour moi-même, je ne demande que l'équivalent du salaire annuel d'un inspecteur général des finances, en fin de carrière, majoré de 40% pour la mauvaise foi mise à me répondre, ainsi que de 4% par année de retard ».

Amusant !...

Mais quelles sont les preuves qui permettent d'affirmer que les milliards de la Division Daguet ont bien été détournées ?...

Chapitre III :

L'Aveu

La première guerre du Golfe a provoqué des dégâts considérables.

Le total des indemnisations demandées au peuple irakien était de 352,5 milliards de dollars ; cela a été heureusement rejeté.

La Commission d'indemnisation des Nations Unies (CINU) a été créée en 1991 conformément aux résolutions 687 (1991) et 692 (1991) pour traiter les demandes et verser une indemnisation pour les pertes et dommages subis par les particuliers, les entreprises, les gouvernements et les organisations internationales suite à l'invasion et à l'occupation du Koweït (2 Août 1990 au 2 Mars 1991).

Près de 52,4 milliards d'US $ ont été attribués à plus de 100 gouvernements et organisations internationales.

Les fonds reçus sont versés par le Fonds d'indemnisation des Nations Unies qui reçoit 5 % des recettes générées par les ventes à l'exportation de produits pétroliers iraquiens conformément à la résolution 1483 (2003) du Conseil de sécurité.

Ainsi, c'est la production pétrolière irakienne qui permet l'indemnisation des plaignants.

On est loin du « Plan Marshall »...

En janvier 2014, la Commission aura versé 44,5 milliards d'US $, en laissant environ un solde de 7,8 milliards US $ restant à payer, correspondant au montant d'un « préjudice moral » (...).

La catégorie « E » des demandes a été présentée par le Koweït au nom de la « Petroleum Corporation Koweït » qui a obtenu 14,7 milliards de dollars en 2000 pour la perte de production et de ventes, alors que l'extinction n'a coûté qu'un milliard.

A ces indemnisations bien documentées, s'ajoutent les frais de guerre payés directement à la coalition, par les banques centrales du Koweït, de l'Arabie Saoudite et des Emirats Arabes-Unis, et que j'aborde dans ce chapitre.

J'ai toujours été extrêmement surpris de n'avoir jamais eu de réponse d'un ministre des finances à mes courriers compte-tenu de l'extrême gravité de mes accusations.

Car j'avance, ni plus ni moins, qu'un Président de la république en exercice a détourné des milliards d'euros de fonds publics en toute impunité !...

La principale raison est qu'un individu seul ne pèse vraiment rien face à la haute administration de Bercy !...

Et ne pèse pas plus face à un ministre de notre République.

Par contre, c'est très différent lorsqu'une association d'anciens militaires écrit au ministre.

En 2008, j'ai été contacté par le président de l'Union nationale des sous-officiers en retraite (UNSOR) qui voulait en savoir plus sur l'affaire du détournement des milliards de la Division Daguet.

L'UNSOR est une association importante forte de 15.000 membres dont beaucoup de vétérans de la guerre du Golfe.

Un courrier a été envoyé par L'UNSOR, à Christine Lagarde, le 12 août 2008 :

Madame Christine LAGARDE

Ministre de l'Economie, des Finances et de l'Industrie

Objet : détournement des indemnités de la Guerre du Golfe attribuées à la France.

Madame la Ministre,

Président Nationale de l'association, il m'est régulièrement rapporté cette 'histoire' de détournement des indemnités, et cela de la part de nombreux adhérents ayant participés à l'opération DAGUET – Tempête du Désert, dont le 3ème RIMA de VANNES.

Le commandement, en cours d'opération, aurait informé les militaires qu'une indemnité serait versée par le KOWEÏT et d'autres pays du Golfe. Par ailleurs cette intervention des troupes françaises n'a pas été prise en compte au titre de guerre, donc à taux moindre pour les intéressés.

Jusqu'à présent, je ne portais pas trop attention à cette 'histoire invraisemblable', de la part des responsables de notre pays à cette époque. La persévérance de ces adhérents, continuant leurs recherches, a abouti à Monsieur DUBOC Jean-Charles. M'ayant informé, je me suis permis de contacter cette personne et de la rencontrer. Il m'a alors fourni de nombreux détails, des documents sur ses démarches (depuis 1998). Je remarque que cette affaire est bien connue au plus haut sommet de l'Etat et semble bien réelle.

Au nom de ces adhérents qui se sentent lésés, par respect à ceux qui y ont laissé leur vie, à ceux qui ont été marqués dans leur chair, à ceux qui souffrent de séquelles (Syndrome du Golfe), je me suis permis de vous adresser ce courrier.

Cette affaire, délicate, mérite des réponses claires permettant de soulever la suspicion.

Une telle affaire doit être sérieusement étudiée et résolue. L'Etat et la Défense ne peuvent être que gagnants, de même que la confiance confortée des militaires retraités et de militaires en activité envers leurs autorités.

En attente d'une réponse, veuillez agréer, Madame la Ministre, l'expression de ma haute considération.

Le Président National

Copies à : Monsieur le Ministre de la Défense

Monsieur le président de la Commission de la Défense

Monsieur Jean Charles DUBOC.

C'est absolument stupéfiant, car tout est dit...

L'accusation dans ce courrier adressé à la ministre des finances est d'une incroyable gravité.

Une réponse de Christian Dufour, chef de cabinet de Christine Lagarde, ministre de l'économie, de l'industrie et de l'emploi, a été adressée à l'UNSOR le 7 octobre 2008 :

Ministère de l'Economie, de l'Industrie et de l'Emploi

Le Chef de Cabinet

Monsieur le Président,

Par courrier en date du 12 août 2008, vous avez porté à la connaissance de Madame le ministre de l'économie, de l'industrie et de l'emploi, différents éléments relatifs à des indemnités qui auraient été versées notamment par le Koweït. Il vous semble que ces sommes seraient allées au bénéfice des militaires ayant participé à l'Opération « Tempête du désert ».

Vous indiquez que certains adhérents de votre association, ainsi que Monsieur Jean-Charles DUBOC, vous ont affirmé que ces sommes auraient été détournées, sans pour autant préciser qui en aurait bénéficié.

Cependant malgré les recherches effectuées en ce sens par les services du ministère, aucun élément d'information susceptible de confirmer ou d'infirmer ces allégations n'a pu être trouvé. En outre, les documents auxquels vous faites allusion sont inconnus du ministère.

J'ai donc transmis votre courrier à toutes fins utiles au ministère de la Défense, seul compétent pour en connaître...

Veuillez agréer, monsieur le Président, l'expression de ma considération distinguée.

Christian Dufour

Je me permets d'en faire l'analyse.

Tout d'abord, le chef de cabinet précise que « *....différents éléments relatifs à des indemnités qui auraient été versées notamment par le Koweït...* ».

Une recherche sur Internet permet d'en savoir nettement plus que le chef de cabinet de la ministre de l'économie, qui parle au conditionnel.

Je cite, par exemple, un article du New York Times du 8 septembre 1992 :

« *The report, released at a central bankers' meeting in the United Arab Emirates, said that in addition, the governments of Saudi Arabia, Kuwait and the gulf emirates made $84 billion in direct payments to the United States, Britain and France for military expenses...* »

Là, on décrit une réalité : « *L'information relâchée à une réunion de banques centrales aux Emirats Arabes Unis, dit que, en plus, les gouvernements d'Arabie Saoudite, du Koweït et des Emirats du Golfe, ont versé 84 milliards de dollars en paiement direct aux Etats-Unis, à la Grande Bretagne et à la France pour les dépenses militaires* ».

Sachant que, d'après différents sites américains, le coût militaire de la guerre du Golfe 1991 est de 61 milliards de dollars pour les Etats-Unis, et bien il resterait, sur 84 milliards versés, 23 milliards pour la Grande Bretagne et la France.

De plus, comme les Britanniques étaient deux fois plus nombreux que les Français, on arrive à environ 7 milliards de dollars virés à notre pays !...

En valeur actuelle, cela fait environ 15 milliards d'euros.

« Cependant malgré les recherches effectuées en ce sens par les services du ministère, aucun élément d'information susceptible de confirmer ou d'infirmer ces allégations n'a pu être trouvé. En outre, les documents auxquels vous faites allusion sont inconnus du ministère »

Bien sûr que les services du ministère n'ont trouvé aucun élément d'information susceptible de confirmer ou d'infirmer ces allégations !...

Je ne vois pas comment les Douanes, qui sont chargées de vérifier les flux d'argent rentrant en France, ou encore le Trésor Public, auraient pu trouver quelque chose !...

Si les fonds ont été virés en Suisse, ou ailleurs, il n'y a, naturellement, aucune ligne dans la comptabilité du pays ni dans aucun document au ministère des finances à ce sujet !...

Pour faire bonne mesure, Hervé Morin, ministre de la Défense, a lui aussi répondu à l'UNSOR :

MINISTÈRE DE LA DÉFENSE

Le Ministre

Paris, le 26 février 2009 – 002572

Monsieur le Président,

Par une lettre du 12 août dernier vous aviez appelé l'attention de Madame Christine Lagarde, ministre de l'économie, de l'Industrie et de l'emploi, qui m'a transmis votre correspondance concernant un prétendu détournement des indemnités attribuées à la France pour sa participation à l'Opération « Tempête du Désert ».

Depuis plusieurs années, Monsieur Jean-Charles Duboc, bien connu de mes services et qui n'a de cesse d'intervenir de manière polémique, revient régulièrement sur cette affaire.

Ces allégations, qui ne reposent sur aucun élément sérieux, n'apparaissent pas fondées, et il n'est, dès lors, pas donné suite à ces propos.

Je vous prie d'agréer, Monsieur le Président, l'assurance de ma considération distinguée.

Hervé Morin

Je commente :

« *...Un prétendu détournement des indemnités attribuées à la France pour sa participation à l'Opération « Tempête du Désert » !...*

On voit bien qu'Hervé Morin, ministre de la défense, ne lit pas le New York Times, en tout cas pas celui du 8 septembre 1992 !...

Il aurait alors réalisé qu'il y avait une « anguille sous roche » de 84 milliards de dollars !...

D'ailleurs, ce serait plutôt une « baleine » !...

Et une « baleine » de cette taille, de plusieurs dizaines de milliards de dollars, c'est vraiment difficile à cacher...

« *Depuis plusieurs années, Monsieur Jean-Charles Duboc, bien connu de mes services... »*.

Ce n'est pas tout à fait ça.

J'étais bien connu à l'Etat-major des Armées !...

Ce n'est quand même pas ¨mes services¨ !...

« *... et qui n'a de cesse d'intervenir de manière polémique... »*.

Ce n'est pas du tout une polémique.

Je demande simplement au ministère des finances des explications sur les ¨Frais¨ de guerre de l'Opération Daguet remboursés à la France.

Plusieurs sources étrangères en parlent, mais aucun ministre, aucun dirigeant politique, aucun journal, aucun média national, ne les a jamais évoqués.

C'est quand même curieux...

« Ces allégations, qui ne reposent sur aucun élément sérieux, n'apparaissent pas fondées, et il n'est, dès lors, pas donné suite à ces propos. »

Promis !...

Je vais me fendre d'un abonnement au New York Times pour Hervé Morin afin qu'il en sache un peu plus sur cette affaire !...

Ces deux lettres, dont les originaux sont disponibles sur le site « Alerte éthique », constituent l'AVEU que le ministère des Finances n'a jamais reçu les milliards d'indemnités de la guerre du Golfe virés à la France par le Koweït, l'Arabie Saoudite et les Emirats Arabes-Unis en 1991, alors qu'un grand journal américain affirme l'inverse !...

Une terrible constatation qui ne peut qu'inciter tous ceux qui se sentent floués à demander qu'une enquête officielle soit lancée et que les responsables du détournement de fonds soient traduits devant les tribunaux.

D'autre part, il est souhaitable que cet argent soit récupéré par la Défense Nationale pour indemniser et soigner nos vétérans qui souffrent du syndrome du Golfe.

CHAPITRE IV :

Le syndrome du Golfe

En 1991, la France a envoyé jusqu'à 18.000 soldats dans les sables d'Arabie Saoudite et des Emirats pour libérer le Koweït des armées de Saddam Hussein.

Les Américains y ont envoyé 700.000 hommes dans le cadre de l'Opération « Tempête du Désert ».

Les envahisseurs irakiens ont été repoussés grâce à une très lourde intervention militaire, aérienne, maritime et terrestre, qui s'est soldée par de nombreuses victimes tant civiles que militaires.

Le conflit s'est terminé avec le gigantesque incendie des 1.100 puits de pétrole détruits par les Irakiens lors de leur retraite.

Pour l'invasion du Koweït, Saddam Hussein avait mis en ligne 5.500 chars d'origine soviétique, dont beaucoup étaient anciens. Mais la force terrestre était absolument considérable et le dictateur avait les moyens de s'emparer de tous les Emirats du Golfe, et même plus...

Avec la maîtrise de l'espace aérien, les américains ont mis en œuvre, pour la neutralisation des chars, une impressionnante flotte aérienne composée de Fairchild A-10 Thunderbolt II.

Des "tueurs de chars" qui sont équipés d'un canon rotatif tirant 3900 obus à la minute !...

Des projectiles de 30 mm, en uranium appauvri.

Lors de l'impact, ces obus en uranium sont vaporisés et un nuage très toxique pollue l'environnement du combattant.

C'est l'une des principales causes de l'empoisonnement des vétérans de la guerre du Golfe dont beaucoup se plaignent de ce que l'on appelle le « Syndrome du Golfe ».

Le syndrome de la guerre du Golfe touche les anciens combattants de la guerre du Golfe (1990-1991) et se caractérise par des symptômes comme des troubles du système immunitaire et des malformations congénitales pour les enfants.

Les pathologies sont caractérisées par divers symptômes comme une fatigue chronique, l'incapacité à avoir un sommeil réparateur, une perte de contrôle musculaire, de très forts maux de tête, des étourdissements et pertes d'équilibre, des problèmes de mémoire, des douleurs musculaires et articulaires, des troubles intestinaux grave, des problèmes de peau et parfois même une résistance à l'insuline.

Les populations civiles sont bien entendu aussi touchées par ces affections : les nouveaux nés de la région de Bassora, en Irak, l'un des endroits affectés par le conflit, avaient, en 2000, des malformations congénitales 7 à 8 fois supérieures à ce qu'elles étaient avant la guerre.

Des décès dus au cancer du cerveau, de la sclérose latérale amyotrophique et la fibromyalgie ont été reconnus par les départements de la Défense américaine et des Anciens Combattants comme potentiellement liés au service durant la guerre du Golfe.

La similarité des troubles de ce syndrome avec ceux de la myofasciite à macrophages évoque aussi une éventuelle origine vaccinale associée.

Nos vétérans du Golfe n'ont jamais réussi à faire entendre leur voix malgré les efforts de l'association AVIGOLFE (3) créée en juin 2000 par Hervé Desplat et la journaliste Christine Abdelkrim-

Delanne qui enquêtait depuis plusieurs années sur les effets biologiques et psychiques de la guerre du Golfe.

Une enquête a été réalisée auprès des anciens combattants souffrant de diverses maladies depuis leur retour du Golfe. Elle a montré la similitude des maux avec ce que vivaient les vétérans américains, britanniques et australiens.

Suite aux démarches d'AVIGOLFE, une « Mission d'information sur les conditions d'engagement des militaires français ayant pu les exposer, au cours de la guerre du Golfe et des opérations conduites ultérieurement dans les Balkans, à des risques sanitaires spécifiques », a été créée, en 2001, par la Commission de la Défense nationale et des Forces armées de l'Assemblée Nationale.

Elle était présidée par M. Bernard Cazeneuve avec pour co-rapporteurs Mme Michèle Rivasi et M. Claude Lanfranca et a été enregistrée à la Présidence de l'Assemblée nationale le 15 mai 2001.

Les auditions des médecins militaires réalisées par la Mission d'information parlementaire sont disponibles sur le réseau Voltaire à la rubrique « Auditions de la Mission d'information de l'Assemblée nationale française Guerre du Golfe : vérité sur un conflit ».

Ce rapport a été rejeté par AVIGOLFE en raison de son "caractère partial et manipulateur qui permettait au gouvernement de ne pas conclure".

L'association a aussi demandé une enquête épidémiologique exhaustive permettant de faire un bilan exact de la situation des anciens de la guerre du Golfe ainsi que de pratiquer des examens médicaux et scientifiques en lien avec la toxicité des produits rencontrés sur le champ de bataille : uranium, fumées de puits de pétrole, pesticides, pyridostigmine, Virgyl, vaccins, particules neurotoxiques des gaz de combat.

Le dossier a été malgré tout classé par le ministère de la Défense.

Ceci est franchement anormal car de l'autre côté de l'Atlantique le ministère des anciens combattants américains a reconnu la réalité du syndrome du Golfe dans un rapport paru en 2004 !...

Il est vrai que vingt ans après, aux Etats-Unis, ce sont 25% à 30% des militaires ayant participé au conflit qui souffrent du ¨Syndrome du Golfe¨.

Ainsi, entre 170.000 et de 250.000 vétérans américains sont concernés. Des visites médicales sont organisées pour les vétérans et c'est l'armée qui s'occupe de la procédure pour obtenir une pension d'invalidité.

En 2008, la National Academy of Sciences a publié des preuves indiquant que l'apparition des maladies chez les anciens combattants de la guerre du Golfe pouvait être expliquée en partie par leur exposition à des inhibiteurs de l'acétylcholinestérase.

Dans une étude parue en mars 2013, le premier marqueur biologique du Syndrome de la Guerre du Golfe semble avoir été découvert.

Selon le Centre Médical de l'Université de Georgetown (Washington, États-Unis), le cerveau des soldats touchés par cette affection présenterait une altération notable des axones, ces prolongements des neurones qui transmettent l'influx nerveux.

De plus, l'une des zones du cerveau dans laquelle les chercheurs ont observé cette altération des axones est très spécifique : il s'agit du faisceau fronto-occipital inférieur droit qui est notamment impliqué dans le traitement des informations liées à la douleur et à la fatigue.

Or, douleur et fatigue sont caractéristiques des symptômes fréquemment rapportés par les vétérans atteints par le Syndrome de la Guerre du Golfe.

Si ce résultat étonnant se voit confirmé par d'autres travaux, il s'agirait là du premier marqueur biologique avéré du Syndrome de la Guerre du Golfe.

Ces études bénéficient d'un financement massif du Congrès américain, ce qui est loin de la situation en France où le problème et toujours complètement ignoré !...

Aux Etats-Unis, des examens médicaux sont organisés par le service de santé des vétérans de la guerre du Golfe qui alerte les anciens combattants de possibles problèmes de santé à long terme causés par des expositions environnementales.

Cet examen de santé complet comprend une analyse des antécédents médicaux, des examens de laboratoire, un examen physique, puis un professionnel du service de la santé des vétérans discute des résultats face-à-face avec l'ancien combattant et lance une lettre de suivi.

L'examen est gratuit pour les anciens combattants admissibles. Il est basé sur le souvenir des anciens combattants du service, et non sur leurs dossiers militaires.

Les anciens combattants qui ont servi dans le Golfe pendant la guerre du Golfe de 1990-1991, l'opération « Bouclier du désert », l'opération « Desert Storm », l'opération « Iraqi Freedom », ou l'opération « New Dawn » sont admissibles à l'examen médical de la guerre du Golfe.

L'évaluation pour le registre de santé des anciens de la guerre du Golfe est distincte du processus de compensation du handicap des vétérans.

Les anciens combattants qui souhaitent bénéficier d'une indemnité d'invalidité pour des problèmes de santé liés à la guerre du Golfe doivent simplement déposer une demande.

Pendant le processus de règlement des revendications, le service va mettre en place un examen séparé de compensation si nécessaire.

Un sénateur américain a déclaré : « *Le soutien à nos vétérans est un devoir sacré !...* »

Qu'en est-il en France ?...

Il faut bien réaliser que ceux qui souffrent du syndrome du Golfe sont handicapés et qu'ils ne reçoivent aucune pension, contrairement à leurs frères d'armes américains.

Beaucoup sont maintenant décédés.

Les anciens du Golfe n'intéressent pas les élus, la presse ou les médias, qui n'abordent la question du Syndrome du Golfe que très sporadiquement.

Les pensions d'invalidité seraient-elles trop élevées pour l'Etat, c'est-à-dire le contribuable ?...

La réponse est NON !...

La défense de la Liberté a toujours un coût et c'est aux citoyens d'accepter de payer des impôts pour entretenir une armée mais aussi pour payer des pensions d'invalidité, si nécessaire...

Quel serait le montant pour le budget de l'Etat des pensions d'invalidité pour l'ensemble des soldats qui souffrent du syndrome du Golfe ?...

Il est assez difficile de répondre car nous ne connaissons pas le nombre de vétérans français victimes de ce syndrome.

Si nous nous basons sur les statistiques établies par l'armée américaine, le taux de soldats qui souffrent de séquelles invalidantes du type "syndrome du Golfe" est de 25% à 30% des effectifs ayant participé aux combats.

Ce ferait chez nous entre 3.000 et 4.000 soldats invalides ou décédés.

Si c'est le cas, le scandale sera énorme lors de la divulgation du nombre réel de malades et de soldats décédés.

Compte-tenu que les pensions attribuées le seraient rétroactivement, on peut estimer que la somme à trouver, pour indemniser correctement nos vétérans du Golfe, se situe entre un et deux milliards d'euros.

Une somme importante à laquelle il faut ajouter la prime de guerre promise à nos combattants du Golfe, environ 200.000 euros par soldat, et qui n'a jamais été touchée.

Compte-tenu de l'importance des effectifs envoyés dans le Golfe, le montant total de cette "prime de guerre" est compris entre deux et trois milliards d'euros.

Ainsi, si l'on ajoute les pensions d'invalidité pour le syndrome du Golfe à la prime de guerre qui est due, on arrive à un total compris entre 3 et 4 milliards d'euros.

Ce n'est pas prévu dans le budget des armées !...

Même sur plusieurs années...

Sauf... sauf si on commence à aborder le sujet des 3,5 milliards de dollars des indemnités de la guerre du Golfe virées à la France en 1991, au titre de « l'Opération Daguet ».

Des "frais de guerre" qui, semble-t-il, ont été détournés par François Mitterrand et quelques responsables politiques de l'époque comme je l'ai expliqué dans les deux premiers chapitres !...

Et là, ce sont environ 7 milliards d'euros en valeur actuelle qui sont encore disponibles !...

Et peut-être près du double, d'après certaines sources.

Bien sûr, on pourrait m'objecter : « *Mais comment utiliser ces fonds pour indemniser nos militaires alors qu'ils ont été détournés ?... Tout cela est perdu !... Disparu !... »*.

Disparu ?...

Est-ce si sûr ?...

Peut-on imaginer que les gouvernements qui ont été alertés depuis dix-sept ans n'aient pas entrepris une opération de récupération de ces fonds ?...

Une autre objection est de répondre que : « *Les fonds sont tellement importants qu'il est impossible de les faire rentrer dans la comptabilité publique sans que cela se voit !... »*.

C'est tout à fait exact !...

Et si on s'occupait des rentrées d'argent qui ne trouvent pas d'explication ?...

Et là, il faut aller voir du côté du « Grand emprunt 2010 » !...

En juillet 2013, une tranche supplémentaire de 12 milliards d'euros a été lancée pour le « Programme d'investissement d'avenir » ou encore « Grand Emprunt 2010 ».

Mais, très curieusement, la première tranche du « Grand Emprunt » de 35 milliards lancée en 2010 lancé par Nicolas Sarkozy est loin d'avoir été utilisée en totalité !...

Pour quelles raisons le gouvernement a-t-il lancé un emprunt supplémentaire alors qu'il n'y a absolument aucun besoin urgent ?...

C'est totalement incohérent, surtout dans une période de grandes difficultés économiques et financières !...

Et si le « Grand Emprunt » cachait une opération de récupération des fonds de la guerre du Golfe ?...

C'est tout à fait possible sachant que, parallèlement à l'affaire des fonds disparus de la Division Daguet, une incroyable escroquerie a eu lieu lors de l'extinction des puits de pétrole en feu au Koweït en 1991 !...

Et là, il y en a pour 22 milliards de dollars de l'époque, soit près de 55 milliards d'euros en valeur actuelle.

C'est « l'affaire Basano/Ferrayé (4) » du nom de l'ingénieur Joseph Ferrayé qui a breveté une technique d'extinction des puits de pétrole en feu à l'azote liquide (moins 200° C), et de l'expert-comptable Christian Basano.

Ils se débattent tous deux depuis cette époque afin de récupérer les fonds versés par le Koweït conformément au contrat signé avec les autorités de ce pays.

Il faut savoir que leurs noms ont été utilisés pour créer des comptes en Suisse afin d'y virer des sommes extrêmement importantes puisque Basano a découvert qu'il avait 8 milliards de dollars sur un compte à son nom !...

Le dossier a failli être rendu public en mai 2000 dans émission « Sans aucun doute », présenté par Julien Courbet, mais la diffusion a été annulée au dernier moment, semble-t-il par Dominique Strauss-Kahn, ministre de l'Industrie à l'époque de la guerre du Golfe.

Ainsi, si l'on ajoute les 7 milliards d'euros des indemnités de la guerre du Golfe (peut-être plus) et les 55 milliards d'euros de l'escroquerie sur les puits de pétrole en feu au Koweït, on entre dans une fourchette qui permet effectivement de financer le « Grand Emprunt » !...

Actuellement, le total des sommes disponibles sur le « Programme d'investissement pour l'avenir » atteint 47 milliards d'euros !...

Nous approchons du compte !...

Et puis, pour quelles raisons, ce « Grand Emprunt » a-t-il été financé sur les marchés financiers alors qu'il était prévu de faire appel à l'épargne des Français qui auraient été heureux de participer à l'essor de leur industrie ?...

Le financement du « Programme d'investissement d'avenir » recèle de fortes anomalies qui pourraient très bien cacher les détournements de fonds de nos politiciens après la guerre du Golfe.

C'est l'hypothèse qu'a retenu « I-Cube », alias « L'incroyable Ignoble Infreequentable », dans son roman « Opération Juliette-Siéra (5) » de l'été 2010 où il met en scène le capitaine de corvette

Paul de Bréveuil qui récupère ces fonds placés dans le Trust londonien « Solutré-Jarnac ».

Les fonds récupérés sont ensuite placés dans le « Grand Emprunt 2010 » à la grande satisfaction du président français et de la CIA qui récupère les 15 milliards avancés au Koweït ; lesquels avait été destinés à calmer l'Emir furieux de s'être fait escroquer !...

A lire sans retenue !...

Les aventures de Paul de Bréveuil continuent dans le roman « Mains Invisibles (6) » de l'été 2014 où une nouvelle opération de récupération de fonds placés sur 9288 comptes bancaires des « belles-familles » d'hommes politiques et de hauts fonctionnaires des années 1970 à mi 2009 est lancée !...

On y apprend comment DLK, le banquier des pauvres, a mis de côté deux milliards de dollars dans une banque à Hong-Kong – c'est sa part du gâteau – et comment Paul de Bréveuil, sous un nom d'emprunt, vide ce compte.

Amusant !...

Une somme que DLK espérait placer dans un hedge-fund qui avait été fondé par son partenaire « Thierry Luynes » celui-là même qui a sauté d'une tour à Tel-Aviv en octobre 2014 !...

Ruiné, ou poussé ?...

Vous découvrirez aussi, comment, dans les armées, les restrictions budgétaires et une bonne connaissance des « affaires » provoquent des tensions telles qu'un « Putsch des colonels et des capitaines » est neutralisé de justesse le 14 juillet 2014 !...

Bien sûr tout cela est un roman, mais parfois la réalité dépasse la fiction !...

Le roman « Mains invisibles » est à lire sans modération. Il éclaire les dessous pas très propres de notre république.

Le scandale du détournement des indemnités de la Division Daguet monte sur le web et les dégâts seront considérables lors de la divulgation au grand public.

Ce sera la fin de la Vème République.

Il faudra repartir sur de nouvelles bases démocratiques qui présenteront une franche rupture par rapport à celles que nous connaissons.

Mais, auparavant, il faudra solder les affaires de la guerre du Golfe de 1991 et notamment reconnaitre le « syndrome du Golfe ».

De plus, il faut aussi se pencher sur la promesse faite à nos combattants de toucher une prime de guerre !...

CHAPITRE V :

La prime de guerre

Le « syndrome du Golfe » est la première des priorités qui doit être traitée par le gouvernement, comme cela a été fait aux USA et au Royaume-Uni.

Très rapidement, le problème de l'indemnisation de nos vétérans malades va apparaître. La meilleure solution, celle qui devrait satisfaire la majorité des vétérans de l'Opération « Tempête du Désert », me semble être le versement de la prime de guerre qui était prévue au début du conflit (outre la pension d'invalidité).

En effet, elle permettrait une juste compensation pour tous ceux qui souffrent de ce syndrome et sont d'authentiques « Invalides de guerre » comme le reconnaît le gouvernement américain. Pour les autres, ce sera le prix de la reconnaissance du pays pour « service rendu à la patrie ».

Et que l'on ne me dise pas qu'il n'y a pas d'argent !... Il y a celui des « Milliards de la Division Daguet », mystérieusement disparus, mais pas pour tout le monde, semble-t-il !...

Aussi, si cet argent a été récupéré, puis placé dans le « Grand Emprunt 2010 », comme le raconte « I-Cube » dans son roman « Opération Juliette-Siéra », il sera quand même assez facile de virer les fonds à la Défense.

Cette affaire de « prime de guerre », promise et jamais payée, commence à faire des remous dans les rangs des anciens combattants. Pour preuve, il suffit de consulter les courriers envoyés par des vétérans à l'Élysée, aux ministères concernés, au Conseil

Constitutionnel, et qui sont disponibles sur le blog « Alerte éthique ».

Je laisse s'exprimer, à ce sujet, Vincent FILIMOEHALA, ancien des OPEX :

« L'affaire proprement dite commence dans le centre 137°RI-CMFP de Fontenay-le-comte où j'étais en formation de reconversion. Avec mes camarades militaires « vétérans » de la première guerre du Golfe 1991, j'ai été convoqué au bureau administratif du régiment dans le cadre du traitement de nos indemnités, ceci en présence des autorités militaires venues de Paris. Nous étions les premiers soldats de la Division Daguet à percevoir cette indemnité.

C'était la promesse du gouvernement de l'époque, sous la présidence de François Mitterrand, de nous verser nos indemnités de la guerre du Golfe 91 dès notre retour en France.

Nous avons été informés par nos unités correspondantes d'une note générale destinée à chaque militaire ayant participé à l'opération « Tempête du désert », en particulier à ceux de la Division DAGUET. Sur la note on nous demandait de nous procurer un RIB pour le jour de la convocation au bureau administratif du régiment. C'était dans les mois d'août à septembre 1992.

Le jour de la convocation, nous étions plus d'une trentaine environ à nous être présentés devant le bureau administratif de la compagnie. On nous a demandé de présenter le RIB, puis d'émarger sachant que le montant qui nous était destiné était de plus de 550.000 F. C'était en présence de gradés venus spécialement de Paris pour le traitement de nos indemnités de la guerre du Golfe, comme on nous l'a bien fait savoir.

Nous avons été ainsi tous informés que la somme sera versée dans les meilleurs délais sur notre compte, vers la fin de l'année 1992 ou au début de l'année 1993.

Nous étions de différents régiments, des soldats de 1ère Classe aux sous-officiers, soit plus d'une vingtaine de militaires, dont le Caporal Bernard L., Christian Prud'homme (décédé), et moi-même.

Au tout début de l'année 1993, je reçois un appel téléphonique, tôt le matin, de mon ami le caporal Bernard L. du 2° RIMA, qui, tout joyeux, m'annonce que le fameux virement de nos indemnités était bien arrivé sur son compte et qu'il était très enchanté de la bonne nouvelle et de la somme qui s'y trouvait soit plus de 600.000 F (près de 200.000 euros en valeur actuelle).

Alors sans hésiter, vers 10H00 du matin, je file droit à mon agence où ma conseillère m'a reçu en personne à son bureau et m'a fait savoir que le virement de mes indemnités était bien arrivé sur mon compte mais qu'il y avait un « sacré problème » !...

Elle me souffle tout doucement qu'une personne influente était venue dès l'ouverture de la banque et avait donné l'ordre au Directeur de l'agence de « bloquer mon compte courant ». Ma conseillère était désolée pour moi et ne comprenait pas du tout cette décision prise sans aucune raison valable !... C'était une première pour elle d'être confrontée à une telle situation !...

C'est en rentrant chez moi que j'ai eu la surprise de recevoir un appel téléphonique anonyme me mettant en garde si je divulguais des informations sur ce dossier et si je ne rendais pas la somme reçue sur mon compte courant !... On m'a rappelé que j'avais une famille et qu'il pourrait leur arriver quelque chose de grave !...

Conscient que c'était très sérieux, j'ai eu peur pour ma vie et celle de mes proches.

Ensuite, mon ami Bernard L. m'a rappelé pour me dire qu'il avait reçu, lui aussi, des menaces par téléphone, mais qu'il allait retirer tout son argent car il estimait que cela nous était dû pour service rendu à la Nation !...

J'ai su par des camarades militaires que certains ont eu la chance de retirer rapidement la somme versée et ont préféré fuir sans laisser d'adresse civile par peur des menaces de mort proférées à leur encontre comme cela l'a été pour moi.

Et, depuis, je n'ai plus jamais eu de nouvelles de Bernard L., ni de tous ceux qui ont perçu et ont été menacés afin qu'ils rendent la somme versée. J'ai vécu cela comme une humiliation !... Encore aujourd'hui, vingt-quatre années plus tard, je le vis avec la même *humiliation. Pour avoir rendu service à la Nation, nous devons vivre maintenant sous la peur !...*

A cela, s'ajoute la maladie du « syndrome du Golfe ». Beaucoup de mes compagnons d'armes sont partis sans la moindre reconnaissance, en laissant leur famille dans l'inquiétude, seule face à leur destin.

Il faut remarquer que les officiers, venus spécialement de Paris pour procéder à l'attribution de nos « indemnités... », l'ont fait après l'accord validé par Pierre Bérégovoy, Premier Ministre.

Mais, après son suicide, l'affaire ne sera plus reconduite, ni même remise à l'ordre du jour. Fait troublant, il se trouve que ce suicide fait suite aux nombreuses menaces reçues au début de l'année 1993 envers les militaires et leurs familles. Des menaces pour exiger le remboursement des sommes versées, en contrepartie de nos vies !... C'est du jamais vu !... Cela mérite d'être éclairci, révélé au grand public, et qu'une enquête soit ouverte.

A notre retour, je peux vous dire que cela a fait grand bruit quand de nombreux militaires ont été très déçus de découvrir que la promesse faite par nos élus n'avaient pas été honorée. Il régnait une forte désillusion dans l'esprit de toute la Division DAGUET.

La fin de l'histoire est triste et troublante. Elle concerne l'ex-brigadier Christian PRUD'HOMME, ancien du 137°RI-CMFP de Fontenay-le-comte. Il faisait partie de ceux qui avaient été convoqués pour le virement de nos indemnités de la guerre du Golfe 91. Je l'ai bien connu car nous étions dans cette compagnie en 1992.

C'est le lendemain d'une audition à la gendarmerie qu'il s'est suicidé à son domicile.

L'hypothèse du suicide n'est toujours pas admise par la famille ».

Une histoire effrayante, qui laisse sans voix.

Je rappelle que Pierre Bérégovoy a été nommé Premier ministre en avril 1992 par François Mitterrand, président de la République, en remplacement d'Édith Cresson. Il a conservé son poste jusqu'en mars 1993, et il a mis fin à ses jours le 1er mai 1993 !...

Que de coïncidences troublantes !...

Nous commençons à percevoir un peu de lumière sur les "suicides" de Pierre Bérégovoy, François de Grossouvre, Jean-Edern Hallier, et d'autres encore...

Que s'est-il passé ?...

Pour commencer à comprendre, il faut revenir au discours de politique générale du 8 avril 1992 que Pierre Bérégovoy a prononcé devant l'Assemblée Nationale : « *On soupçonne certains hommes publics de s'être enrichis personnellement de manière illégale. S'ils sont innocents, ils doivent être disculpés ; s'ils sont coupables, ils doivent être châtiés ; dans tous les cas, la justice doit passer. [...] Toutes les procédures seront conduites à leur terme, dès lors qu'elles révèleront des actes frauduleux commis à des fins d'enrichissement personnel. [...] S'il est des dossiers qui traînent, croyez-moi, ils ne traîneront plus. [...]* »

Un discours qui est une véritable « déclaration de guerre » à la corruption !...

Bien mal lui en a pris !...

A l'automne 1992, c'est-à-dire six mois plus tard, les vétérans de la guerre du Golfe reçoivent une convocation pour solder leurs indemnités de guerre.

En février 1993, c'est-à-dire presque une année après le discours de Pierre Bérégovoy à l'Assemblée, les virements commencent pour ... s'arrêter aussitôt !... Il n'y a pas d'argent dans les caisses pour payer nos soldats !... Les fonds ont disparus !...

La somme totale à verser était très importante car 12.000 soldats qui reçoivent chacun 200.000 euros, cela représente 2 milliards 400 millions d'euros, en valeur actuelle !...

A débiter sur quel budget ?... Et c'est là où la panique s'est installée à la direction de Bercy : les fonds de la guerre du Golfe n'avaient jamais été virés et cela allait se savoir !...

Le premier à découvrir le « pot aux roses » a certainement été Pierre Bérégovoy... L'horreur absolue pour ce socialiste sorti de la base, honnête dans ses actions et sa démarche politique. Une révolte inévitable de sa part a conduit « Mythe-Errant » à se séparer de son premier ministre, d'autant plus que les élections législatives avaient été un échec.

Le suicide de Pierre Bérégovoy a eu lieu le 1er mai 1993, soit deux mois après la découverte à Bercy, et dans les armées, de la disparition des « Milliards de la Division Daguet » !...

Un an plus tard, le 7 avril 1994, c'est François de Grossouvre, conseiller et ami de François Mitterrand, qui se suicide dans son bureau à l'Élysée !... Pour la même raison ?...

Dans quel pays sommes-nous donc ?...

Est-il tolérable que des élus de premier rang détournent des milliards en toute impunité ?... Est-il tolérable qu'un Premier ministre, honnête, soit éliminé parce qu'il se révolte contre une structure mafieuse qui n'est rien d'autre que le parti politique auquel il appartient ?...

Est-il admissible, dans une démocratie qui se veut le « Pays des Droits de l'homme », que des soldats qui ont fait leur Devoir soient menacés parce qu'ils réclament leur dû ?...

Combien de temps cela va-t-il encore durer ?...

La tension monte dans les armées, pour différentes raisons, et la « Divulgation » approche doucement...

Le dossier des « milliards disparus de la Division Daguet » a connu une forte accélération au premier semestre 2015 avec l'envoi de courriers à la Présidence de la République, aux ministères des Finances et de la Défense, au Conseil Constitutionnel ainsi qu'au « Défenseur des Droits ».

Chapitre VI :

Lettres au Président de la République

Ce livre est avant tout un résumé, une synthèse du blog « Alerte-éthique » qui comporte plus de 700 notes.

Il est assez difficile d'avoir une vue globale du dossier des « Milliards disparus de la Division Daguet » compte-tenu de la masse de documents, d'analyses, de critiques, de propositions, disponibles sur ce blog.

Aussi, j'ai voulu donner la possibilité aux lecteurs de pouvoir découvrir rapidement cette affaire en rassemblant l'essentiel des informations dans un ouvrage facilement lisible.

Parmi les courriers importants qu'il faut citer, nous trouvons des lettres envoyées au Président de la République par des vétérans de la « Division Daguet ».

Je retiens deux courriers, que vous découvrirez ci-dessous, et qui ont été envoyés par Atama TEUGASIALE, un ancien du 2e régiment d'infanterie de marine.

Le 19 novembre 2014

Monsieur Atama TEUGASIALE

à

Monsieur François HOLLANDE

Président de la République

Objet : indemnités guerre du Golfe

P-J : - Lettre au Premier Ministre

-   Réponse ministre de l'Economie

-   Titre de reconnaissance

Monsieur le Président de la république,

Après avoir avisé le Premier Ministre (copie jointe) ainsi que le Ministre du Budget, et n'ayant pu vous remettre mon courrier en mains propres, lors de votre visite en Nouvelle-Calédonie, le 17 novembre 2014, je me permets de vous transmettre ma requête concernant les indemnités détournées de la guerre du Golfe payées à la France par le KOWEÏT.

Pour information, malgré les diverses démarches effectuées, depuis courant juin 1998 jusqu'à ce jour, par Monsieur Jean-Charles DUBOC, ancien commandant de bord à Air France, qui tient le site « Alerte Ethique », sachez, qu'il n'y a jamais eu de démenti à ces accusations par les différents ministères concernés.

Cette prime de guerre, prévue pour la participation à ce conflit, n'a jamais été virée, alors qu'elle avait été promise par le gouvernement de l'époque. Certains militaires l'ont touchée, mais ils ont dû la rendre très peu de temps après, Pour quelles raisons ?...

Plus grave encore, plusieurs vétérans souffrent du « syndrome du Golfe » dû à l'inhalation de particules d'uranium appauvri utilisé sur certaines zones de combat. Certains sont mêmes décédés... (Copie jointe d'un Titre de Reconnaissance de la Nation d'un frère d'armes).

Malheureusement, à l'heure actuelle, leur pathologie n'a jamais été reconnue officiellement par l'Etat.

Lors de votre discours au centre culturel TJIBAOU vous affirmez : « croire à la force du dialogue et du respect. »

Pouvons-nous espérer obtenir votre appui afin qu'une enquête soit diligentée et que ce dossier soit à l'ordre du jour pour que chacun ait sa part de vérité ?...

C'est pourquoi, au nom de tous mes camarades vétérans vivants et décédés, familles, épouses, veuves, enfants et orphelins, face aux divers disfonctionnements constatés, j'ai l'honneur de solliciter votre bienveillance afin de faire valoir nos droits et que toute la lumière soit faite sur ce détournement.

Je sais, Monsieur le Président, que vous êtes extrêmement sollicité.

Pour ma part, je suis un homme de terrain, Vous, un Serviteur de la République et de ses Valeurs, j'ai une entière confiance en votre jugement.

Dans l'attente, je reste à votre disposition pour tout renseignement complémentaire.

Je vous prie de croire, Monsieur le Président de la République, l'expression de ma plus haute considération.

M. Atama TEUGASIALE

Une réponse de l'Élysée a été donnée à ce courrier et vous la trouverez ci-dessous :

Le Chef de Cabinet du Président de la République

 Monsieur Atama TEUGASIALE

Paris le 3 décembre 2014

Monsieur,

Le Président de la République a bien reçu le courrier que vous avez souhaité lui adresser.

Très attentif aux préoccupations des Français ainsi qu'au maintien d'un échange avec ses concitoyens, Monsieur François HOLLANDE m'a confié le soin de vous assurer qu'il a pris connaissance de votre démarche.

Aussi n'ai-je pas manqué de la signaler à Monsieur le Ministre de la Défense qui vous tiendra directement informé de la suite susceptible d'y être réservée.

Je vous prie d'agréer, Monsieur, l'assurance de ma considération distinguée.

Isabelle SIMA

Le dossier est bien connu au ministère de la Défense puisque, pour tous les courriers envoyés, que ce soit à la Présidence de la République, au ministère des Finances, au Conseil Constitutionnel, au « défenseur des Droits », la réponse est systématiquement la même : « on transmet au ministère de la Défense. », ce qui est assez logique d'ailleurs...

Mais ce qui est moins logique, est le mutisme de ce ministère sur ce dossier...

Aussi, n'ayant pas eu de réponse à ses deux courriers au Président de la République, Atama TEUGASIALE a envoyé un troisième courrier à la Présidence de la République :

Le 21 juillet 2015

M. Atama TEUGASIALE

Monsieur François HOLLANDE

Président de la République

Objet : détournement de fonds

P.J : photocopies lettres

Monsieur le Président de la République,

N'ayant pas reçu de réponse à mes correspondances envoyées en A.R le 19 décembre 2014 et le 12 février 2015 à votre attention (copies jointes), je me permets de revenir vers vous afin de renouveler ma requête.

Dans le but d'améliorer le fonctionnement de notre démocratie et devant la gravité de ce détournement de fonds réalisé par l'ancien pouvoir de l'époque des faits, j'estime, qu'au nom de tous les anciens combattants de la Division Daguet, la vérité doit être révélée aux militaires et au public. Sachez que l'effet médiatique de cette corruption aura un impact énorme dans l'opinion publique Française et Européenne.

Devant le nombre conséquent de soldats qui ont participé à cette opération, dont certains malheureusement décédés depuis, la Justice doit être saisie en ouvrant une enquête officielle pour retrouver les sommes manquantes dues aux vétérans de la Guerre du Golfe, en mémoire à ceux-ci et à leurs familles, ainsi qu'aux militaires victimes du Syndrome du Golfe, non reconnu par l'Etat.

Pour cette raison, en me référant à l'article 40 du Code de Procédure Pénale, je me verrai dans l'obligation de déposer une plainte contre « X » avec constitution de partie civile si aucune suite n'est apportée à ce dossier. Si nécessaire, il est de mon devoir d'ancien vétéran, victime d'une injustice, de divulguer cette information capitale à tous les niveaux et échelons.

Les informations citées ci-dessus nécessitent un examen plus approfondi de ce dossier épineux, l'urgence est de rigueur.

Un élu n'est pas au-dessus des lois, le manque d'éthique s'applique à tout citoyen de la République, un représentant du peuple, plus encore.

D'autre part, cette corruption est caractérisée par une haute trahison de la part de tous les acteurs concernés, c'est un acte odieux contre les militaires et la démocratie.

Pour information, d'après un sondage effectué par l'Institut Economique Affaire (IEA) courant 2006, la France est le plus corrompu des pays industrialisés dans la catégorie des Présidents et Premiers Ministres.

Je terminerai par les conditions mystérieuses du suicide de Pierre BEREGOVOY, Premier Ministre.

« Lors d'un discours devant l'Assemblée Nationale, il voulait s'attaquer à la corruption, quel courage !... ».

C'était un homme de terrain, compréhensif, qui connaissait parfaitement le dossier des Indemnités de la Guerre du Golfe, favorable à la régularisation de la prime, hélas, il n'est plus de ce monde.

Aussi, en parallèle, le suicide de François de GROSSOUVRE qui a mis fin à ses jours dans son bureau à l'Elysée ? Quelle coïncidence... que des zones d'ombres dans cette histoire.

Monsieur le Président, comme mentionné dans ma missive du 19 décembre 2014, j'ai l'honneur de réitérer ma demande d'audience en faveur de Monsieur Vincent FILIMOEHALA, ancien vétéran et porte-parole, ainsi que Monsieur Jean-Charles DUBOC, témoins clés de cette affaire d'Etat. Ils pourront vous apporter des éclaircissements et les preuves suffisantes pour confirmer que cette indemnité était due aux vétérans de la Guerre du Golfe.

Malgré leur forte détermination en multipliant les actions de communication, à ce jour, le Ministre de la Défense reste muet. Pourquoi ce silence ? Vivons-nous réellement dans un pays démocratique ?

La liberté d'expression est-elle censurée à ce stade-là ? Quelles en sont les raisons ?

L'égalité des droits est-elle bafouée par les politiciens ? Sont-ils au-dessus des lois ?

La fraternité entre l'armée et le peuple existe-t-elle encore ? Le patriotisme, seul rempart ?

Dans ce cas précis, que font nos officiers supérieurs qui ont participé aux côtés des alliés durant cette guerre ? Sont-ils aussi complices de cette corruption titanesque ?

Pour information, à défaut de réponse de la part du Délégué Médiateur de la République, en dernier recours, Monsieur FILIMOEHALA envisagera d'ester une action en justice afin de faire valoir ses droits.

D'autre part, Monsieur Jean-Charles DUBOC auteur de l'ouvrage « Les Milliards disparus de la Division Daguet », première édition le 06 janvier 2015, a osé dénoncer ces faits en envoyant entre 1998 à 2014 plusieurs courriers de rappels sur ce détournement de fonds aux Ministres des finances ainsi qu'à de hauts fonctionnaires, en vain sans réponse et sans contestation de leurs parts. Dans la République Française, fait-on si peu cas d'un acte aussi grave qui lèse nos vétérans ? Lors de la fête Nationale, vous avez félicité les différentes unités qui participent actuellement à des opérations extérieures, mais, c'était aussi l'occasion de rappeler le dévouement et l'engagement dont ont fait preuve les vétérans de la Guerre du Golfe.

22 février 1998, à la BCR du HAVRE ;

02 juin 1998, à Monsieur Jean-Pascal Beauffret, Directeur Général des Impôts ;

08 juin 1998, à Monsieur Dominique Strauss-Kahn, Ministre des Finances ;

29 août 1998, à Monsieur Dominique Strauss-Kahn, Ministre des Finances ;

23 novembre 1998, à Monsieur Dominique Strauss-Kahn, Ministre des Finances ;

27 décembre 1999, à Monsieur Christian Sautter, Ministre des Finances ;

21 février 2000, à Monsieur Christian Sautter, Ministre des Finances ;

03 avril 2000, à Monsieur Laurent Fabius, Ministre des Finances ;

13 juin 2000, à Monsieur Laurent Fabius, Ministre des Finances ;

20 juillet 2000, à Monsieur Laurent Fabius, Ministre des Finances ;

29 janvier 2001, à Monsieur Laurent Fabius, Ministre des Finances ;

20 juin 2008, à Madame Christine Lagarde, Ministre des Finances ;

14 août 2009, à Madame Christine Lagarde, Ministre des Finances ;

29 janvier 2014, à Monsieur Pierre MOSCOVICI, Ministre des Finances.

Monsieur le Président, fidèle aux valeurs Républicaines, au nom de tous mes camarades actifs, retraités, blessés et décédés, j'ai l'honneur de solliciter votre bienveillance afin qu'une enquête officielle soit enfin diligentée.

En espérant obtenir un avis favorable concernant la demande de rendez-vous avec le Porte-Parole, Monsieur Vincent FILIMOEHALA et Monsieur Jean-Charles DUBOC auteur de l'ouvrage cité ci-dessus, je reste à votre disposition pour tout renseignement complémentaire.

Dans l'attente d'une réponse de votre part,

Comptant sur votre compréhension,

Je vous prie de croire, Monsieur le Président de la République, l'expression de ma plus haute considération.

M. Atama TEUGASIALE

Il faut avouer que nos vétérans sont tenaces, une authentique qualité de soldat, et que la rumeur monte progressivement dans les rangs, au mess, ainsi que dans les réseaux sociaux.

Jusqu'à quand ?...

Nous faudra-t-il un Zola pour faire éclater le scandale ?...

Chapitre VII

Zola !... Reviens !...

Ils sont devenus fous !...

Le 13 janvier 1898, Emile ZOLA, publie en première page du quotidien L'Aurore une lettre ouverte au président de la République où il accuse le gouvernement de l'époque d'antisémitisme dans l'affaire Dreyfus.

Bien que le thème de cette lettre - l'antisémitisme des « étoilés » de l'État-major - soit bien différent de la situation actuelle, on pourrait très bien, 117 ans plus tard, en inclure des extraits dans les courriers envoyés au Président de la République actuel par des anciens de l'opération « Tempête du désert » au sujet des « milliards disparus de la Division Daguet » et du syndrome du Golfe.

"Lettre à M. Félix Faure,

Président de la République

Monsieur le Président,

(...) Mais quelle tache de boue sur votre nom - j'allais dire sur votre règne - que cette abominable affaire Dreyfus ! Un conseil de guerre vient, par ordre, d'oser acquitter un Esterhazy, soufflet suprême à toute vérité, à toute justice.

Et c'est fini, la France a sur la joue cette souillure, l'histoire écrira que c'est sous votre présidence qu'un tel crime social a pu être commis.

Puisqu'ils ont osé, j'oserai aussi, moi. La vérité, je la dirai, car j'ai promis de la dire, si la justice, régulièrement saisie, ne la faisait pas, pleine et entière.

Mon devoir est de parler, je ne veux pas être complice.

Mes nuits seraient hantées par le spectre de l'innocent qui expie là-bas, dans la plus affreuse des tortures, un crime qu'il n'a pas commis.

Et c'est à vous, monsieur le Président, que je la crierai, cette vérité, de toute la force de ma révolte d'honnête homme. Pour votre honneur, je suis convaincu que vous l'ignorez.

Et à qui donc dénoncerai-je la tourbe malfaisante des vrais coupables, si ce n'est à vous, le premier magistrat du pays ? (...)

Quand une société en est là, elle tombe en décomposition. (...)

Et c'est un crime encore que de s'être appuyé sur la presse immonde, que de s'être laissé défendre par toute la fripouille de Paris, de sorte que voilà la fripouille qui triomphe insolemment, dans la défaite du droit et de la simple probité.

C'est un crime d'avoir accusé de troubler la France ceux qui la veulent généreuse, à la tête des nations libres et justes, lorsqu'on ourdit soi-même l'impudent complot d'imposer l'erreur, devant le monde entier.

C'est un crime d'égarer l'opinion, d'utiliser pour une besogne de mort cette opinion qu'on a pervertie jusqu'à la faire délirer.

C'est un crime d'empoisonner les petits et les humbles, d'exaspérer les passions de réaction et d'intolérance, en s'abritant derrière l'odieux antisémitisme, dont la grande France libérale des droits de l'homme mourra, si elle n'en est pas guérie.

C'est un crime que d'exploiter le patriotisme pour des œuvres de haine, et c'est un crime, enfin, que de faire du sabre le dieu moderne, lorsque toute la science humaine est au travail pour l'œuvre prochaine de vérité et de justice.

Cette vérité, cette justice, que nous avons si passionnément voulues, quelle détresse à les voir ainsi souffletées, plus méconnues et plus obscurcies ! (...)

Ce n'est pas, d'ailleurs, que je désespère le moins du monde du triomphe. Je le répète avec une certitude plus véhémente : la vérité est en marche et rien ne l'arrêtera.

C'est d'aujourd'hui seulement que l'affaire commence, puisque aujourd'hui seulement les positions sont nettes : d'une part, les coupables qui ne veulent pas que la lumière se fasse; de l'autre, les justiciers qui donneront leur vie pour qu'elle soit faite.

Je l'ai dit ailleurs, et je le répète ici : quand on enferme la vérité sous terre, elle s'y amasse, elle y prend une force telle d'explosion, que, le jour où elle éclate, elle fait tout sauter avec elle. On verra bien si l'on ne vient pas de préparer, pour plus tard, le plus retentissant des désastres. (...)

Quant aux gens que j'accuse, je ne les connais pas, je ne les ai jamais vus, je n'ai contre eux ni rancune ni haine. Ils ne sont pour moi que des entités, des esprits de malfaisance sociale. Et l'acte que j'accomplis ici n'est qu'un moyen révolutionnaire pour hâter l'explosion de la vérité et de la justice.

Je n'ai qu'une passion, celle de la lumière, au nom de l'humanité qui a tant souffert et qui a droit au bonheur. Ma protestation enflammée n'est que le cri de mon âme. Qu'on ose donc me traduire en cour d'assises et que l'enquête ait lieu au grand jour ! J'attends.

Veuillez agréer, monsieur le Président, l'assurance de mon profond respect."

Emile Zola

Émouvant, terriblement émouvant, et tellement juste !...

Pour ma part, bien plus récemment, le 16 janvier 2015, j'ai écrit dans une lettre au Président de la République :

« Par un courrier à Michel SAPIN du 15 décembre dernier, vous avez pris connaissance du fait que J'ACCUSE François

MITTERRAND, ancien président de la République, d'avoir dérobé, avec quelques complices, les fonds virés à la France par le Koweït, l'Arabie Saoudite et les Emirats Arabes-Unis au titre des frais de guerre engagés lors de l'Opération « Tempête du Désert ». Le montant détourné serait, en valeur actuelle, de 7 milliards d'euros, et même du double, d'après une source récente de la défense ».

Malheureusement, nous ne sommes pas Zola et nous n'avons aucune écoute... Nous n'avons pas son talent, ni sa notoriété, et nos courriers restent, pour l'instant, sans écho... Pour combien de temps encore, alors que la rumeur monte dans la troupe, au mess, sur le terrain, en Opération ?...

On attend toujours une réponse de l'Élysée alors que ce courrier est sur plusieurs sites internet !... ; La presse et les médias sont muets ; l'État-major est satisfait du rappel mais reste neutre (on ne fait pas de politique...) ; les hauts fonctionnaires de Bercy craignent de plus en plus que l'orage n'éclate ; les politiciens ont peur pour les Institutions...

Le scandale, lorsqu'il éclatera, sera bien pire que l'affaire Dreyfus.

Il s'étendra jusqu'au Pays du Golfe qui n'ont rien à se reprocher dans l'affaire. Il discréditera profondément la classe politique, principalement de gauche. Il fera trembler tous les intervenants, tous ceux qui ont couvert l'affaire, de près ou de loin, y compris Outre-Atlantique. Les institutions auront montré leurs limites et devront être améliorées.

Pendant ce temps-là, nos politiciens, qui connaissent le dossier, se gardent bien s'enquêter et surtout de le révéler au public. De plus, ils viennent de voter une « Loi Renseignement » qui permettra de surveiller électroniquement près de 31 millions de citoyens de 18 ans à 65 ans, car certains pourraient se transformer en de dangereux terroristes !...

Et ceci, alors que seuls 5000 personnes, principalement des fanatiques religieux islamistes, présentent une véritable dangerosité !...

Ainsi cette « Loi Renseignement » n'a pour seule utilité que de permettre au pouvoir politique d'espionner les citoyens, d'être, en fait, l'instrument principal d'une « Police politique » destinée à museler les opposants !...

La meilleure preuve en est que « l'affaire du Golfe » est soigneusement protégée par le pouvoir, qu'il n'y a aucune enquête officielle et que la justice n'a jamais été saisie.

Les élus du peuple ont foulé aux pieds l'héritage de la Révolution Française qui a mis au fronton de nos mairies le mot LIBERTÉ, bien en évidence et en priorité !...

Non seulement nos politiciens couvrent un détournement de fonds publics de plusieurs milliards, au détriment de la Défense de mon pays, mais, en plus, ils « pondent » une loi totalitaire dont a dû rêver Staline et Hitler !...

Zola !... Reviens !... Ils sont devenus fous !...

CHAPITRE VIII :

Le Sénégal et l'envoi des « Jambars »

Le détournement des 3,5 milliards $ des indemnités de la guerre du Golfe de 1991, soit de 7,5 milliards d'euros en valeur actuelle, par « Mythe-Errant » et quelques complices, est un crime contre l'État, contre les Institutions, mais représente aussi un important préjudice pour nos armées et nos soldats.

A une époque où les tensions internationales sont particulièrement fortes, en particulier au Proche-Orient et dans le Sahel, nos armées doivent avoir de solides moyens d'intervention car nos adversaires fanatiques religieux ne reculent devant rien, y compris le terrorisme sur notre territoire.

Aussi, il me semble souhaitable que le gouvernement s'empare sérieusement de ce dossier afin que les sommes détournées, et qui semblent avoir été récupérées par le gouvernement de François FILLON en 2010, puissent parvenir enfin à leur destinataire final : le budget des Armées !...

La récupération des fonds est le sujet du roman « Opération Juliette-Siéra » rédigé par « I-Cube ».

Je rappelle les faits essentiels : de nombreux vétérans de la « Division Daguet » souffrent du « Syndrome du Golfe », une affection handicapante et parfois fatale causée par l'inhalation de poussières d'uranium des obus antichars, par la respiration de gaz neurotoxiques et de vaccins adjuvantés à l'aluminium.

Un véritable cocktail dévastateur qui provoque parfois des lésions neurologiques invalidantes chez les combattants.

Compte-tenu des dernières études sur les vétérans malades aux USA, le « Syndrome du Golfe » est reconnu dans l'armée américaine, au Royaume-Uni, mais on attend toujours une étude épidémiologique en France !...

Il faut savoir que près de 25% à 30% des anciens combattants américains du Golfe sont victimes de cette pathologie, c'est-à-dire entre 150.000 et 200.000 vétérans.

Ils touchent une pension d'invalidité.

On attend la même chose pour nos vétérans de la Division Daguet !...

Si les statistiques du nombre de malades est le même pour les vétérans français, c'est alors près de 3.000 à 4.000 de nos soldats qui souffrent du syndrome. Et ils n'ont aucune indemnité alors que des milliards ont été virés par le Koweït, les Emirats Arabes-Unis et l'Arabie Saoudite !...

Cette scandaleuse situation ne se limite pas à la France car c'est la même chose, à une moindre échelle, au Sénégal, où près de 500 « Jambars » réclament leur dû, à savoir la prime de guerre qui leur était promise et qu'ils n'ont jamais touchée !

Cela fait 24 ans que les familles des soldats sénégalais disparus, les « Jambars », ou « Diambars », appellent l'État du Sénégal à les rétablir dans leurs droits.

En 1991, 93 soldats sénégalais ont trouvé la mort dans le crash d'un avion militaire saoudien sur la base aéronavale de Raz Meeschab.

Ibrahima Makalou Cissé est l'un des trois rescapés du crash : « *Le soldat, il n'a pas peur de mourir. Il n'a que son pays et sa famille. Soit il est vivant et vous lui donnez ses droits, ou il est mort et vous essayez de faire quelque chose pour sa famille. Moi j'ai 34 ans de service et je suis sans maison, ni rien. Et les veuves et les orphelins... L'ennemi ne m'a pas tué, mais je suis déshonoré aujourd'hui.* »

« Je me pose la question : où est l'argent ? Pourquoi jusqu'à présent je cours derrière l'indemnisation ? Dans quel pays nous sommes ? ».

En effet, sur le centre d'actualités de l'ONU, il est mentionné que la commission d'indemnisation des Nations-Unies (CINU) a débloqué 650 millions de dollars pour le Sénégal, mais, de plus, la presse a rapporté un virement bien plus conséquent de l'Arabie Saoudite.

Le président du regroupement des familles des « Jambars » disparus en Arabie Saoudite, Maguette Sall, déclare :

« Après le crash, chaque famille des 93 Jambars décédés lors du crash de l'avion a reçu 1 042 000 Francs Cfa (1500 euros) au moment où les 403 Jambars restants ont reçu chacun 1 000 000 F Cfa. On nous a dit que l'Arabie Saoudite avait dégagé un budget de 500 millions de F CFA dans ce sens.

Nous étions surpris car aucune autre somme ne nous a été remise. Nous avons appris par voie de presse que ce sont 85 milliards de F Cfa qui ont été décaissés.

Notre souffrance a été exacerbée quand nous avons appris que les victimes du naufrage du « Joola » ont reçu chacune 10 millions de F Cfa ; ceux qui ont été à 9 000 km du Sénégal, pour servir la nation, n'ont bénéficié que d'un million de F Cfa partagé entre tous les membres de la famille ».

Le soldat Ibrahima Guèye raconte :

« Ce million de francs nous a été offert par l'Arabie Saoudite avant que le crash ne survienne. Le royaume saoudien avait tenu à dégager une somme assez importante pour nous aider à préparer notre retour. Nos supérieurs avaient donné l'information. On était si content de disposer de ce qu'on appelait « l'affaire » qu'on se tuait à la tâche.

Grande a été notre surprise d'apprendre que le gouvernement sénégalais avait vite fait d'envoyer une délégation récupérer cet argent qui nous était destiné. Nous étions en colère surtout qu'on nous faisait valser pour nous payer notre Ijo »,

« *Nous étions disposés à nous révolter, car c'était trop injuste ; ils ont confisqué toutes nos munitions, nous signifiant que l'argent était à Dakar. Et une fois sur place, il a fallu l'intervention du chef de l'Etat M. Abdou Diouf, pour que justice soit rétablie car l'argent allait être réparti de façon injuste ; ils voulaient nous donner 600 000 F, privilégiant les officiers. Abdou Diouf a dit niet. Il s'y ajoute qu'on est rentré les mains vides, heureusement qu'en partant j'avais, par devers moi, 1000 F Cfa. Cet argent m'a permis de rentrer en taxi* ».

Fatou Diaw, une des orphelines d'un « Jambar », témoigne :

« *Nos parents ont souffert, mais l'après-guerre a été plus traumatisant pour nous. Nous n'avons eu aucune marque de soutien de l'Etat. Personne n'a plus fait allusion à nos parents. Aucun mémorial, aucune journée, rien ! On a été laissé à notre propre sort. En dehors de ce million de F Cfa, partagé entre tous les membres de la famille, nous n'avons remarqué aucun signe de reconnaissance de la nation. Cela fait trop mal. Pire encore, on ne nous accorde même pas le droit de manifester notre déception. Combien de familles se sont retrouvées dans le dénuement total ? Nous osons croire que nos pères ont été vendus par l'Etat du Sénégal, nous espérons que Macky Sall saura rectifier le tir vu qu'il se dit prêt à corriger des injustices* ».

On retrouve la même indifférence du pouvoir pour les « Jambars » que pour nos vétérans du Golfe.

L'Arabie Saoudite a versé 85 milliards de F Cfa au Sénégal, mais seulement 500 millions de F Cfa ont été virées aux soldats qui ont fait la guerre du Golfe !...

Où est passé l'argent ?...

A-t-il pris la direction d'un paradis fiscal ?...

En juin 2009, Les victimes et parents de la première guerre du Golfe de 1991 ont porté plainte contre l'Etat du Sénégal.

On attend la suite...

CHAPITRE IX :

Le conflit entre les pilotes de ligne
et la direction d'Air France

A partir de 2014, et pendant une année et demie, un très sérieux conflit a opposé les pilotes de ligne d'Air France à la direction de la compagnie. Tout était bon pour dénigrer les pilotes qui étaient présentés comme des profiteurs, des gens beaucoup trop payés et qui portaient la principale responsabilité des difficultés de la compagnie.

Chacun s'y est mis !...

Le ministre des finances, Michel Sapin, ministre des Finances a même déclaré : « *Air France est menacée par une "minorité" et il faut que tout son personnel soit conscient que "si rien n'est fait" la compagnie sera "en très grande difficulté" ... "Quand le dialogue est bloqué par une minorité sur des visions purement individuelles et corporatistes, oui ça peut mettre en danger l'ensemble* »

J'ai évidemment sursauté, franchement révolté, par de telles déclarations qui ne tiennent aucun compte ni de la situation internationale de la compagnie, ni des charges sociales excessives dans notre pays, ni des efforts déjà faits par le personnel et surtout ne tient aucun de la difficulté du métier et de ses exigences.

A cela s'ajoutait une demande de la direction d'une augmentation de la productivité de 17% sans augmentation de salaire !...

Une demande totalement irréaliste sachant que le nombre d'heures de vol des pilotes est limité par la réglementation internationale, pour des raisons de sécurité, et qu'une bonne partie du réseau long-courrier est déjà au maximum légal.

Aussi, je me suis décidé à rappeler à notre ministre Finances quelques éléments du dossier de la guerre du Golfe.

J'ai rédigé quatre courriers assez complets, adressé au service de l'Intelligence économique, et dont voici quelques extraits :

04 octobre 2015

Air France et les pilotes de ligne : lettre ouverte à Michel SAPIN (I)

Monsieur le ministre !...

Vous êtes génial !...

C'est effectivement une ″minorité″ qui met en danger Air France, tout comme elle met en danger notre pays et cela depuis au moins trois décennies.

Je veux parler de la classe politique qui est ″aux manettes″ depuis l'arrivée de François Mitterrand au pouvoir en 1981, et même un peu avant.

Vous avez été Ministre délégué auprès du Ministre de la Justice de mai 1991 à avril 1992, puis Ministre de l'Économie et des Finances jusqu'à mars 1993.

Une époque vraiment très intéressante, puisque c'est celle de la guerre du Golfe et de l'Opération Tempête du Désert, mais aussi du contrat des frégates de Taïwan.

Mais si on connait l'affaire des frégates de Taïwan et des rétro-commissions qui ont alimenté les comptes de quelques élus ″pourris″ (vous avez toujours la liste dans votre coffre du ministère ?...), les citoyens connaissent beaucoup moins les turpitudes financières qui tournent autour de la guerre du Golfe.

Lors de l'invasion du Koweït par l'armée irakienne, en août 1990, il y avait 48 milliards $ dans les caisses de la banque centrale du Koweït, et au palais de l'émir, en billets, or et diamants.

Les Koweitiens ont pris la précaution de dispatcher cette fortune dans les principales ambassades arabes et occidentales, libres à eux de rapatrier l'argent en lieu sûr.

Ainsi, plusieurs tonnes de billets, et autres biens, ont été convoyés à l'ambassade de France au Qatar par camion ou bateau. Une tonne de billet représente un milliard $ en coupures de 100 $.

Ouf !...

Semble-t-il, un camion aurait été intercepté par les Irakiens, et c'est l'explication fournie pour le faible taux de rapatriement des fonds koweitiens après la guerre.

C'est peut-être un peu plus compliqué...

Le 13 septembre 1990, l'ambassade de France au Koweït est saccagée.

Le 4 octobre, a lieu une visite officielle de François Mitterrand, accompagnée d'Hubert Védrines, en Arabie Saoudite où ″l'Arsouille″ apprend que le roi versera à notre pays 3,5 milliards $ pour financer notre intervention armée.

Ce sera la « Division Daguet » accompagnée de détachements de l'armée de l'air et de la Marine.

Avec aussi la promesse de virement d'une somme équivalente, 3,5 milliards $, une fois le Koweït libéré !...

Sur ce, François Mitterrand fait une escale discrète à Doha, capitale du Qatar, en Falcon 50 pour embarquer 20 caisses de 50 kg, remplies de billets de banque.

Il poursuit ensuite son vol vers la France, mais avec une escale à Zurich où l'attendent un conseiller fédéral (équivalent d'un ministre), un banquier et un camion militaire.

C'est l'occasion d'ouvrir un compte numéroté en Suisse et d'y déposer les caisses de billets (une caisse de 50 kg fait 50 millions $).

Et ne me dites pas que je raconte n'importe quoi, car l'escale à Zurich m'a été confirmée par un général de l'armée de l'air !...

Amusant, n'est-ce pas ?...

Le deuxième virement de 3,5 milliards $ est viré à la France en 1991, enfin sur un compte en Suisse...

Ce virement fait partie des 84 milliards $ virés à la coalition par les banques centrales du Koweït, des Emirats arabes Unis et d'Arabie Saoudite. On en trouve trace dans le compte-rendu annuel du Fonds monétaire arabe et un article du New York Times 1992.

Cette affaire du détournement des fonds virés à la France par les pays du golfe au titre des frais de la guerre du Golfe 1991 a été extrêmement mal prise par l'émir du Koweït qui aurait envoyé un émissaire au domicile d'Édouard Balladur, alors qu'il était Premier ministre, pour l'en informer.

« Sa Suffisance » n'a rien fait !...

Pourquoi ?...

Ces affaires sont couvertes par l'ensemble de la classe politique, mis à part quelques députés courageux dont Nicolas DUPONT-AIGNAN, député de l'Essonne, et Patrick HETZEL, député du Bas-Rhin, qui ont posé récemment une question au ministre de la Défense au sujet de la disparition des milliards de la Division Daguet (voir chapitre précédent).

(...)

L'article du New York Times n'est pas la seule source disponible pour avoir des informations sûres au sujet de virements bancaires à notre pays relativement à la guerre du Golfe.

En effet, il est possible de trouver, sur le site de la direction de l'information légale et administrative, un communiqué du 25 février 1991, date du deuxième jour de l'offensive terrestre, relatif à l'attribution à la France d'une aide financière du Koweït :

« *Communiqué du ministère des affaires étrangères en date du 25 février 1991 sur l'attribution à la France d'une aide financière du Koweït.*

Circonstances : Annonce, le 25 février 1991 par l'émir du Koweït, d'un don de 1 milliard de dollars à la France au titre de son effort militaire dans le Golfe.

L'Emir du Koweït vient de faire savoir au Président de la République française qu'il avait décidé de contribuer à hauteur d'un milliard de dollars à l'effort militaire français pour la libération de son pays.

- Au moment où les soldats français sont engagés dans l'action terrestre destinée à mettre fin à une longue et cruelle occupation, la France apprécie hautement cette manifestation de solidarité. »

Ainsi, le versement, en 1991, d'un milliard de dollars à notre pays est reconnu par le ministère des Affaires Étrangères.

Par contre, lorsque l'on demande au ministre des Finances s'il y a des traces, dans la comptabilité publique, d'un virement relatif aux indemnités de la guerre du Golfe, on n'obtient aucune réponse, puisque j'ai posé cette question, sans résultat, à tous les ministres des Finances depuis 1998, dont vous-même dans une lettre en date du 16 décembre 2014.

Bien sûr, le dossier est bien plus compliqué que cela, mais déjà suffisamment clair pour que mes petits camarades pilotes de ligne puissent le lire, et l'apprécier, pendant les longues croisières océaniques...

Et que cela soit même repris par « Radio-Cockpit » !...

Ceci est la première partie du courrier que je vous adresse au sujet de la « minorité » qui met en danger la compagnie nationale.

Une ″minorité″ qui est, en fait, la classe politique française ″pourrie jusqu'à la moelle″ par un système de corruption encore soigneusement caché aux Français.

En fait, je ne vois pas comment des élus profondément corrompus, ou lâches, seraient capables de faire les choix pour Air France, mais aussi pour le pays...

Bien à vous.

Jean-Charles DUBOC

Commandant de bord B 747/200 / Retraité

Je poursuis le dossier Air France en reprenant un extrait de la partie III cette lettre ouvert à Michel SAPIN intitulée « Interrogations sur Dominique Strauss-Kahn »

Monsieur le ministre,

(....)

La grève des pilotes de juin 1998 et Dominique Strauss-Kahn.

Vous n'êtes pas le premier ministre des Finances auquel j'écris au sujet d'Air France et des pilotes de ligne.

Une grève très dure a été lancée le 1er juin 1998, c'est-à-dire une semaine avant le Mondial de Football ; elle avait pour but de perturber au maximum le transport aérien et de retenir l'attention de centaines de millions de téléspectateurs.

Aussi, après avoir déposé les informations sur le détournement de fonds des indemnités de la guerre du Golfe au ministère des Finances en janvier 1998, j'ai informé de mon action les dirigeants du Syndicat National des Pilotes de Ligne (SNPL) dont certains étaient de ma promotion A 14 de l'ENAC.

Le président du SNPL, Jean-Charles Corbet, était ainsi parfaitement informé du détournement des indemnités de la guerre du Golfe lors de la préparation de la grève de juin 1998.

Cette grève a débuté d'une façon très conflictuelle et j'ai ouvert les hostilités le 2 juin en envoyant un courrier à Jean-Pascal Beauffret, directeur général des impôts.

Lorsque j'ai transmis cette lettre à Jean-Charles Corbet il m'a déclaré qu'il ALLAIT RÉVÉLER AU PUBLIC, PENDANT LA DEUXIÈME SEMAINE DE GRÈVE, LE DÉTOURNEMENT DES INDEMNITÉS DE LA GUERRE DU GOLFE PAR MITTERRAND si la direction d'Air France lançait « ses chevaux de guerre » dans les médias !...

En effet, la situation devenait inquiétante.

La première semaine de grève avait été très bien suivie par les pilotes et la tension était devenue extrêmement élevée entre les syndicats de pilotes et Air France (déjà !...)

Compte tenu de la détermination du président du SNPL, et de la probabilité d'une semaine très dure, j'ai envoyé, le 8 juin 1998, un courrier à Dominique Strauss-Kahn, ministre des Finances, que vous pouvez trouver ci-dessous :

J'ai aussi faxé cette lettre aux syndicats de pilotes, au syndicat des mécaniciens navigants (SNOMAC) dont le président, Michel Drouard, était un ami, à la présidence d'Air France, au cabinet de Dominique Strauss-Kahn, à l'AFP et à l'ensemble de la presse.

Et le résultat a été immédiat, impensable...

En effet, lorsque j'ai écouté la radio le matin du 9 juin, j'ai eu l'incroyable surprise d'entendre qu'un accord avait été conclu pendant la nuit entre le SNPL et la direction d'Air France et que la grève s'arrêtait !...

Mon Conseil, Maître Jean-Paul Baduel, que j'avais mis en copie de ce courrier, a été, lui aussi, absolument stupéfait de la façon dont s'était terminée cette grève prévue pour durer deux semaines. Nous avons alors compris que le dossier du détournement des indemnités de la guerre du Golfe était réellement explosif et avait fait capituler en rase campagne la direction d'Air France et le gouvernement.

Le dossier est resté confidentiel tout simplement parce qu'il y avait eu des MENACES DE MORT ENVERS LES DIRIGEANTS DU SNPL DE L'ÉPOQUE, et pas qu'envers eux d'ailleurs !...

Terrible n'est-ce pas !...

Digne d'une « Ripoucratie », d'un authentique « totalitarisme mafieux ».

Et mes "petits camarades" se sont tus...

Je les comprends.

Il est vrai que les suicides de Pierre Bérégovoy (deux balles de 22LR dans la tête), François de Grossouvre (une épaule démise par le recul de son 357 magnum, et Jean-Edern Hallier, tombé de vélo au petit matin à Deauville, font réfléchir, y compris mes collègues du SNPL.

De mon côté, j'en ai parlé à quelques amis dans la Défense qui ont vraiment très mal pris l'affaire du détournement des « Milliards de la Division Daguet ».

Je n'ai jamais su s'ils étaient dans les services secrets, ou pas.

Parce que cet argent est quand même celui du « sang de nos soldats » et quand on sait que, si on reprend les statistiques de l'armée américaine qui donnent 25% à 30% de leurs vétérans du Golfe malades du syndrome du Golfe, on aurait chez nous 3.000 à 4.000 anciens de Daguet victimes de ce syndrome caractérisé par des lésions neurologiques irréversibles.

De quoi provoquer un scandale épouvantable en cas de "Divulgation non-maîtrisée".

A l'époque je n'avais pas mis en cause Dominique Strauss-Kahn dans le détournement des indemnités de la guerre du Golfe. Et s'il avait joué un rôle dans les affaires de corruption liées à la guerre du Golfe de 1991 ?...

Dominique Strauss-Kahn et l'extinction des puits de pétrole en feu au Koweït

Pour revenir à Dominique Strauss-Kahn, il est un vrai phénomène à lui tout seul !... Je parle, bien sûr, de ses "exploits" financiers qui commencent à défrayer la chronique, comme vous le savez.

Et ce n'est qu'un début.

Parce qu'en fait, il est accusé par Christian BASANO, expert-comptable, d'être au cœur d'une escroquerie de 23 milliards $ remontant à la guerre du Golfe de 1991 !...

Excusez du peu !...

Une escroquerie qui a eu lieu lors de l'extinction des puits de pétrole en feu au Koweït en utilisant de l'azote liquide (- 200° C). Le procédé avait été déposé à l'institut national de la propriété industrielle (INPI) en avril 1991 par son inventeur, Joseph Ferrayé, un ingénieur libanais.

Un contrat de 23 milliards $ a été signé avec l'Emir du Koweït par l'inventeur du procédé, Joseph Ferrayé, Christian Basano et quelques autres partenaires.

Cette technologie a permis d'éteindre 1.100 puits de pétrole en feu en seulement quelques mois, alors que Red ADAIR se proposait de le faire en cinq ans avec des barils d'explosifs.

L'émission « SANS AUCUN DOUTE » de TF1 du 12 mai 2000 permet d'en prendre connaissance.

Très curieusement, cette émission a été interdite de diffusion sur demande personnelle de Dominique Strauss-Kahn !...

Pour quelles raisons ?...

Trempait-il dans les magouilles et escroqueries qui ont eu lieu pendant la guerre du Golfe de 1991 ?...

Intéressant !...

Le dossier est très complexe, les enjeux énormes, mondiaux, puisqu'ils mettent en jeu l'ultralibéralisme financier, et il est possible d'en prendre connaissance sur le site de Christian BASANO.

Il faut savoir aussi que Christian Basano a déposé plainte car il estime « *qu'il a été victime d'une escroquerie internationale impliquant plusieurs hautes autorités de l'état et se heurte au refus réitéré depuis près de dix ans des différentes autorités notamment judiciaires de lui accorder le droit à un recours et à un procès équitable devant un tribunal impartial* ».

Par JUGEMENT rendu le 6 novembre 2013, le TRIBUNAL DE GRANDE INSTANCE DE PARIS l'a débouté de ses accusations.

Mais quand on lit le jugement on se dit qu'il est possible de formuler un déni de justice de telle sorte que ça n'en soit pas un !...

Faut-il s'en étonner ?...

(...)

Que fait la justice sur le sujet du détournement des « milliards de la Division Daguet », alors que j'ai informé le Président de la République et Mme Christiane TAUBIRA, Garde des Sceaux, ministre de la Justice, le 16 janvier 2015 !...

Pas de réponse malgré la gravité des accusations.

Pas de plainte pour diffamation !...

Rien !...

Alors que j'accuse un Président de la République d'avoir détourné des milliards !...

Les complices de François MITTERRAND, des ministres, de ses conseillers, comme son "Sherpa", sont-ils devant les juges ?...

Il faut bien admettre que la fable de La Fontaine continue à s'appliquer plus de trois siècles plus tard !...

D'un côté, nous avons des salariés de la zone Cargo et de la Maintenance d'Air France – je connais très bien puisque j'étais captain B747 - qui déchirent la chemise de deux hauts cadres parce qu'ils ne supportent plus la stratégie aberrante de « Alex », et risquent 3 ans de prison.

De l'autre côté, nous avons des ministres, ou d'anciens ministres, qui sont compromis dans un détournement de fonds publics monstrueux, qui n'a jamais été démenti par les pouvoirs publics.

Les responsables de ce détournement vivent dans une totale impunité, protégés par le pouvoir de gauche, mais aussi de droite !...

Ce dossier est d'une extrême gravité pour le gouvernement et le Parti socialiste.

(...) Les derniers développements permettent de traduire les ministres responsables de ce détournement de fonds, mais aussi ceux qui l'ont couvert depuis 1998, devant la Cour de Justice de la République.

Les ministres qui sont responsables de ce détournement, et ceux qui l'ont couvert, seront-ils réveillés à six heures du matin par une escouade de policiers ?...

J'en doute !...

Quant à moi, je passe l'hiver au Portugal (pas d'impôt sur le revenu pour les retraités) puis je file en Norvège pour l'été.

Bien à vous !...

Jean-Charles DUBOC

Commandant de bord B747/200

L'intégralité des quatre courriers à Michel SAPIN, envoyés via le site de l'intelligence économique du ministère des Finances, peut être trouvée sur le web :

PARTIE I : Air France mise en danger par une "minorité"...

PARTIE II : Des États généraux du transport aérien ?...

PARTIE III : Interrogations sur Dominique Strauss-Kahn...

PARTIE IV : Dominique Strauss-Kahn, un personnage romanesque

Ces courriers à Michel SAPIN, ministre des Finances, ont été très lus par les pilotes, la presse, et le gouvernement.

A tel point qu'une dizaine de jours après leur rédaction toute critique envers les pilotes de ligne, que ce soit par la Présidence d'Air France, le gouvernement ou la presse, ont disparues !...

Magique !... N'est-ce pas !...

Il est vrai que mes collègues pilotes ont été particulièrement excédés par plus d'un an de « pilot-bashing » !...

Il n'en faudrait pas beaucoup pour que la « Divulgation » débute par une information dans les casiers et quelques communiqués de presse...

CHAPITRE X

Le « Florentin »

Quelles sont les raisons profondes qui ont pu conduire François Mitterrand à détourner en 1991 les indemnités de la guerre du Golfe ?...

Parce qu'à bien y réfléchir, un tel détournement n'a aucun sens.

Dans l'état actuel du dossier, c'est, en effet, près de 7 milliards $ qui n'ont jamais atteint les coffres du Trésor public.

Cela représente, en valeur actuelle, près de 16 à 17 milliards d'euros !...

Que faire avec une telle somme qui représente plus d'un million d'années de travail au taux du SMIG ?...

Par exemple, vous avez le choix entre :

- 56 hôpitaux ultra-modernes à 300 millions l'unité ;
- 340 grands voiliers-écoles de 100 mètres hors-tout ;
- 3 porte-avions avec 30 Rafale chacun.

Vous pouvez aussi investir de multiples façons et développer votre capital.

C'est totalement incompréhensible pour quelqu'un qui détestait l'argent comme François Mitterrand !...

Sa seule passion, en fait, était le pouvoir !...

Un goût du pouvoir qui a conduit sa vie jusqu'à le mener aux plus hautes fonctions en pratiquant « *l'art de l'esquive* » comme ont su le faire d'autres personnalités dans l'Histoire comme Machiavel et Laurent le Magnifique.

Un indéniable talent qui lui a valu le surnom de « Florentin ».

Alors pourquoi dérober autant d'argent si ce n'est pas pour en profiter ?...

Manifestement, il y a autre chose.

Il faut chercher dans la vie politique de François Mitterrand, et notamment dans ses déclarations comme celle du Congrès d'Epinay en 1971, pour commencer à comprendre : « *L'adversaire, qui était-ce ?... Eh bien, une certaine classe dirigeante, assurément, d'autres auraient ajouté l'Église, qui apportait le sceau du spirituel aux moyens de l'injustice sociale... d'autres auraient ajouté : l'Armée... mais ça fait déjà longtemps qu'elle ne fait plus de coup d'État !*

D'autres auraient ajouté : les notables. Le véritable ennemi, j'allai dire le seul, parce que tout passe par chez lui, le véritable ennemi si l'on est bien sur le terrain de la rupture initiale, des structures économiques, c'est celui qui tient les clefs...

C'est celui qui est installé sur ce terrain-là, c'est celui qu'il faut déloger... c'est le Monopole ! terme extensif... pour signifier toutes les puissances de l'argent, l'argent qui corrompt, l'argent qui achète, l'argent qui écrase, l'argent qui tue, l'argent qui ruine, et l'argent qui pourrit jusqu'à la conscience des hommes ! ».

Manifestement, à la base du comportement de François Mitterrand, il y a la haine de l'argent !...

De la haine de l'argent, à la volonté de détruire les Institutions

Le détournement des indemnités de la guerre du Golfe est absolument impensable.

Il a été réalisé par le chef de l'Etat, en toute impunité, et, apparemment, sans aucune opposition !... Une action théoriquement impossible dans une démocratie aussi évoluée que la nôtre.

Ce détournement pose surtout cette question : « *pour quelles raisons tous les contrepouvoirs ont-ils été mis en défaut ?... »*.

Parce qu'il faut bien avouer que François Mitterrand a détourné ces fonds en sachant que personne ne ferait d'objection, ne s'y opposerait, ne les dénoncerait, et c'est ce qui s'est passé !...

Et c'est là où on trouve, me semble-t-il, la motivation profonde de François Mitterrand : montrer que les institutions ne sont pas fiables, qu'elles peuvent évoluer en un système totalitaire auquel personne ne s'opposera !...

Après des centaines de courriers à la presse, aux médias, aux institutions, aux politiciens, et de nombreux articles sur le web, rien n'y fait : on ne peut que constater l'incroyable omerta qui bloque notre pays. La presse nationale et étrangère sont muselées tout comme les médias et les institutions internationales !...

Aussi, il faut bien prendre conscience que la structure mafieuse dans laquelle nous vivons est planétaire.

Aucun Etat n'a remis en question le fonctionnement des institutions financières qui ont permis ce détournement de fonds et celui-ci peut se reproduire n'importe où, n'importe quand, dans cette forme ou sous une autre apparence !...

Et c'est vraisemblablement le fonds de l'action de François Mitterrand : trouver une solution pour détruire les Institutions actuelles, pour, ensuite, les améliorer, qu'elles soient financières ou politiques, et cela sur toute la planète !...

Je ne vois pas d'autre explication à cette incroyable affaire.

Bien sûr, on peut se demander où nous allons, qu'est-ce qui va se passer, comment cette affaire va évoluer, et surtout quand elle sera divulguée.

« Divulgation » à l'automne 2017 ?...

Il est possible d'aller un peu plus au fond de la pensée mitterrandienne en appliquant la « méthode hypothético-déductive ».

La « méthode hypothético-déductive » est appliquée à l'Etat-major des armées pour essayer de comprendre et d'anticiper la stratégie de l'adversaire. Essayons de la mettre en pratique pour comprendre la stratégie du « Florentin » et, surtout, ce qu'il avait l'intention de faire de cet argent.

Le détournement de fonds des indemnités de la guerre du Golfe est tellement insensé, énorme, qu'il n'a de sens que dans une action politique. C'est ce que j'ai expliqué précédemment : l'objectif est la destruction de nos institutions pour les remplacer par de nouvelles bien plus efficaces, bien plus démocratiques, qui donneront réellement le pouvoir aux citoyens en permettant, notamment, un bien meilleur contrôle des pouvoirs exécutifs et législatifs.

En fait, il s'agit de faire une « destruction-créatrice » de Schumpeter !...

Mais, comment y arriver ?...

On peut estimer, compte-tenu des objectifs du « Florentin », que les fonds disparus ont été placés en « bon père de famille » pour réapparaître à un moment critique de notre Histoire. Par exemple, en 1991, l'Allemagne cherchait des fonds pour la reconstruction de l'ex RDA à un taux de près de 5%. Un joli rendement...

De plus, si les fonds ne sont jamais rentrés dans la comptabilité publique, il doit être facile d'en trouver la trace dans le système américain "promis" qui enregistre toutes les transactions financières de la planète, un peu comme Clearstream.

« Le Florentin » savait tout cela et en a joué plus que de mesure jusqu'à vraisemblablement empoisonner durablement, les relations franco-américaines.

Mais le monde financier ultralibéral permet une multitude de combines, pas toujours dans l'intérêt des peuples, et on peut compter sur un mutisme bien compris des uns et des autres.

Aussi, les « milliards de la division Daguet » sont vraisemblablement « restés au chaud » dans un paradis fiscal, et ce n'est pas ce qui manque sur la planète. D'ailleurs, il n'est pas nécessaire d'aller bien loin, les coffres et les trusts de la City, ou de Suisse, ou d'ailleurs, permettent d'investir tranquillement des sommes considérables...

Aussi, on peut imaginer, tout à fait logiquement, que les fonds disparus ont été placés sur des places financières européenne qui garantissent sécurité et rentabilité.

Il reste de trouver quel pourrait être le meilleur moment pour révéler le « pot aux roses » au public, aux politiciens, aux financiers, en fait à toute la planète !...

En se mettant à la place de François Mitterrand qui, avec cette affaire, a une occasion de rester dans l'Histoire – et de quelle façon !... – il est tout à fait logique de retenir une date très personnelle et qui lui tient à cœur !...

Et s'il y a une date qui compte pour chaque être humain c'est bien celle de sa naissance !... Surtout pour les femmes qui nous mettent au monde dans les « grandes souffrances de l'enfantement » !...

Et puis, le « Florentin » était un grand séducteur et on peut penser que retenir la date de sa naissance était un hommage à toutes les femmes !...

Certains pensent que j'exagère, mais pas tant que cela...

On peut même pousser l'analyse jusqu'à estimer, en bon politicien, que le « Florentin » a choisi un moment particulier de l'année 2016 !... Et c'est la période de l'élection présidentielle, prévue en mai, avant l'instauration du quinquennat, qui la plus intéressante. Période où les troupes se préparent pour la conquête du pouvoir !...

Le meilleur moment pour frapper fort et avoir le maximum de retentissement !...

Comment cela a-t-il été mis en forme ?...

Nous n'en savons rien, mais cette hypothèse a aussi été retenue par « I-Cube » dans son roman « Opération Juliette-Siéra » (disponible sur le web).

J'en reprends un extrait, une conversation entre la gestionnaire du Trust « Solutré-Jarnac », qui détient les capitaux, et le capitaine de corvette Paul de Bréveuil chargé de récupérer les fonds pour le Trésor public :

« Ce n'est que fin 2001 que j'ai été adoubée, après une multitude de vicissitudes, par les Lloyds pour être l'unique héritière de mon mari et pouvoir reprendre ses affaires. Et c'est un peu plus tard que j'ai appris pourquoi et comment ce trust avait été créé par son généreux donateur. »

De la volonté expresse de son fondateur, les sommes sont à restituer au Trésor public français en mars 2016.

Pourquoi 2016 ?

« Sans doute parce que ça cadrait avec trois septennats de Présidents français et que mars est la période où les candidats à la magistrature suprême sont en campagne assourdissante pour des élections au mois de mai suivant.

Manifestement, votre Président de l'époque souhaitait, et sans doute de façon posthume, peser une dernière fois sur la vie politique de votre pays.

Son objectif, ça ressort de quelques notes manuscrites de feu Lord Thornner, était de démontrer que les institutions de votre Vème République, qu'il a toujours combattu depuis 1958, étaient viciées : n'importe qui arrivé à la tête de l'État pouvait détourner n'importe quelle somme, même gigantesque, sans que personne ne s'en aperçoive ni ne demande des comptes.

Malgré tous les contrôles possibles et imaginables, les contre-pouvoirs, la censure de votre Parlement, l'honnêteté ou non des ministres et de leurs administrations.

Vous imaginez les retombées en pleine période de campagne électorale !

Ça échappe à tout contrôle et c'est bien ce qu'il démontre depuis 1991. Lui seul savait et en appelle à une réforme profonde de vos institutions en lançant sa bombe posthume trois septennats plus tard à compter de son départ de la vie politique.

Le combat de toute une vie de conviction, Monsieur de Bréveuil ! »

Voilà qui est totalement surprenant, estime Paul.

Iconoclaste, même.

Mais rassurant : Paul a la conviction qu'un homme de gauche comme lui, ne peut pas être un vulgaire bandit de grand chemin. Il ne peut qu'avoir eu un dessein précis quand il détourne les sommes de la division Daguet et celle du procédé Ferrayé.

Cette « révélation » ne fait que conforter son opinion sur le sujet et il en est soulagé sur le moment.

« *Voilà qui me rassure, Milady. Mais nous ne pouvons plus attendre 2016. Ces fonds détournés, leurs véritables ayant-droits les réclament assez vertement. Et je suis chargé de le récupérer pour le compte de mon gouvernement.* »

Prouvez-le, répond-elle avec son joli sourire et sa voix douce.

Comment ?

« *Dans les statuts du trust, que voici* » fit-elle en tendant un mince dossier posé sous la desserte voisine de leur table, « *il est indiqué que seul le Président de l'élection de 1988 peut disposer, en qualité de fondateur du trust, de l'usage des fonds, et ce jusqu'à sa mort.*

Et tant mon mari que moi-même, avons scrupuleusement respecté ces statuts dans le fonctionnement et les placements effectués avec ces fonds.

En revanche, après son décès, il nous faut la signature conjointe du Président et du Premier Ministre en exercice pour en disposer.

Voici le mandat, en 5 exemplaires qui seront enregistrés par nos soins à la conservation des hypothèques de Paris au titre des actes innommés, qu'ils doivent signer pour permettre à votre pays de disposer de l'intégralité des actifs du trust, déductions faites de nos honoraires et commissions. »

Et la dame d'ouvrir le fin dossier sur la première page de celui-ci.

Incroyable : tout était donc prévu ?

« Et vous abandonnez la gestion de ses avoirs sans autre contrepartie ? »

La contrepartie, ils verront ça ensemble.

« Ces actifs ne nous appartiennent pas, en tant que membre des Lloyds. Ils n'ont jamais été notre propriété. D'autant que nous savons tout en l'ignorant, qu'il s'agit forcément d'argent sale. D'argent qui n'a en plus jamais bénéficié à l'économie de l'Angleterre ni à celle du Commonwealth. »

Tout a toujours été investi et réinvesti principalement en France et en Europe continentale, selon les instructions reçues.

Elle sort un inventaire joint aux statuts du trust, que Paul parcoure rapidement : c'est conforme, sous réserve d'inventaire détaillé, à ce que la conseillère de la Cour des comptes régionale a reconstitué.

« Nous ne faisons que vous restituer le devenir de ce que vous avez déjà ! »

Et pourquoi n'avoir pas dit tout ça en début de matinée au siège de sa compagnie.

« Pour deux raisons : Je n'ai rien à vous dire que vous ne sauriez pas déjà. C'est dans les instructions. C'est clair, précis et impératif. Et je ne peux pas violer une clause statutaire de ce trust dans le cadre de mes fonctions et mandats professionnels... »

Alors pourquoi les violer sur la côte ?

« C'est la deuxième raison, pris en ses deux branches : C'est de l'argent « sale ». Et pour une femme honnête, c'est un poids

considérable, quoiqu'en pensent les moralisateurs de la vie financière... dont votre actuel Président, futur Président du G20 en 2011, dans deux ans.

La deuxième branche, c'est qu'à part les américains qui posent les mêmes questions régulièrement, disons tous les 5 ans, mais auxquels je ne peux pas répondre du fait des statuts du trust, manifestement, tout le monde à part moi, a perdu les « clés » pour déboucler le processus d'explosion de vos institutions d'outre-manche. »

Elle avait posé la question de la conduite à tenir au Foreign-office. Instruction : aucune information à quiconque. C'était carré du point de vue juridique. Mais pas d'explosion de la République française qui aurait pu être imputée, même indirectement à un sujet de la Couronne britannique.

« Alors, nous rêvions de votre arrivée depuis des années pour déboucler cette affaire au meilleur contentement de tous ! »

Et là, patatras, un officier de réserve qui débarque comme attendu et prévu, mais sans même savoir de quoi il parle. *« Je n'allais quand même pas laisser encore du temps au temps. C'aurait été inconcevable.*

D'autant mieux que le septennat n'existe plus chez vous et que la date de 2016 ne correspond plus à rien. Pensez-donc, à deux ans de la fin du deuxième quinquennat de votre actuel Président, ou de son successeur, ce n'est plus une bombe atomique, c'est un pétard décalé ! Il rate complètement son objectif.

Or, par ailleurs, j'étais tenue au courant de la poussée américaine sur votre actuel Président, qui se veut, en plus, mener une politique de rupture d'avec les us et coutumes passées. Comme on ne sait pas qui lui succédera, l'occasion faisant le larron, il fallait bien vous recevoir jusqu'ici pour vous remettre les clés sans violation ni des intentions du fondateur, ni provoquer un tremblement de terre, le tout en respectant les devoirs de ma charge. »

Brillante, la fille, à résoudre sa quadrature du cercle personnelle, pense Paul en finissant d'écouter l'exposé et de déguster le fond de son verre de vin.

C'est largement cohérent. »

Fin de l'extrait du roman « Opération Juliette-Siéra »

Une incroyable hypothèse à découvrir dans sa version romancée intitulée « Opération Juliette-Siéra » rédigée par « I-Cube ».

Malgré tout, on peut aussi se demander quels ont été les autres effets de ce détournement de fonds, surtout si on considère les affaires financières qui ont alimenté la chronique depuis le début des années 1990.

Et je pense en particulier à la longue affaire Clearstream et à la non moins longue affaire des fichiers HSBC…

Le calendrier électoral a été bouleversé par l'arrivée du quinquennat et nous avons été tous surpris de la façon dont notre nouveau président, Emmanuel Macron, a pris le pouvoir le 14 mai 2017 alors qu'il n'avait jamais été élu.

Aussi, en toute logique, je retiens 2017 et 2018 comme les années les plus favorables, à plusieurs points de vue, pour une divulgation au public du détournement des indemnités de la guerre du Golfe, et de tout ce qui s'en suivra !...

CHAPITRE XI

27 août 2015 : questions au gouvernement

A l'été 2015, le dossier était suffisamment avancé pour que j'écrive un courrier à une cinquantaine de députés.

Monsieur le député,

Vous avez voté contre la loi renseignement et je vous en félicite car vous avez montré votre opposition à une forte dérive totalitaire indigne de notre pays.

Est-il nécessaire de surveiller électroniquement près de 31 millions de Français alors qu'il n'y a que 5000 personnes, les fanatiques religieux islamistes, qui présentent un réel danger terroriste pour le pays ?...

Malheureusement cette loi n'est que l'aboutissement d'une dérive totalitaire qui remonte à plusieurs décennies et dont les citoyens ne sont pas conscients faute d'une véritable information.

Aviseur du ministère des Finances, j'ai informé la Direction nationale des enquêtes fiscales (DNEF), le 19 janvier 1998, du détournement des indemnités de la guerre du Golfe de 1991 versées à la France par le Koweït, les Émirats Arabes Unis et l'Arabie Saoudite. La somme détournée se monterait à 3,5 milliards $ de l'époque.

A la suite d'une information transmise, à mon domicile, par un officier supérieur, en présence d'un inspecteur de la DNEF, selon laquelle aucune somme n'a été comptabilisée à ce titre dans les comptes de notre Défense Nationale, j'ai fait une demande de prime d'aviseur le 29 janvier 2001.

Cette prime sera destinée à la « Fondation Division Daguet » qui aura pour objectif d'organiser des stages pour nos soldats souffrant du syndrome de stress post-traumatique. D'autre part, la demande de prime d'aviseur permet de lever la prescription des dix ans.

Depuis le dépôt des informations à la DNEF, j'ai demandé à tous les ministres des finances qui se sont succédé les résultats de l'enquête en cours. Dans une réponse adressée à l'Union national des sous-officiers en retraite (UNSOR), la ministre des Finances, Christine LAGARDE, et le ministre de la Défense Hervé MORIN, déclarent qu'il n'y a aucun fonds au titre de la guerre du Golfe de 1991.

Ces réponses sont particulièrement gênantes car le New York Times du 8 septembre 1992 révèle que les banque centrales du Koweït, des Émirats Arabes Unis et d'Arabie Saoudite, ont virés directement 84 milliards $ aux pays de la coalition, les États-Unis, le Royaume-Uni et la France !...

Ces informations sont tirées du « Arab Economic Report » de 1992, un rapport annuel réalisé par le Fonds Monétaire Arabe, la Ligue Arabe, l'Organisation des pays arabes exportateurs de pétrole et d'autres institutions internationales.

On retrouve aussi la trace de virements dans les comptes de la Commission d'indemnisation des Nations-Unies (CINU) qui fait encore payer, 24 ans plus tard, depuis Genève, les Irakiens en remboursement des frais de guerre.

Il faut avoir accès aux décisions du conseil d'administration de la CINU pour en connaitre les bénéficiaires, mais on sait qu'il y a eu 52,4 milliards $ payés au titre des dommages civils et militaires de la coalition, et autres pays ou compagnies, et que notre pays fait naturellement partie des bénéficiaires compte-tenu de notre engagement militaire.

Mais, s'il y a eu remboursement, c'est qu'il y a eu décaissement et en conséquence encaissement par le bénéficiaire !...

Et comme les autorités nient avoir reçu de l'argent, il y a donc eu détournement de fonds !...

Toutes ces informations sont largement disponibles sur Internet, principalement sur le site « Alerte éthique », et la rumeur monte dans les unités, les carrés, les mess, de la Défense Nationale. Des courriers très explicites, demandant des explications au gouvernement, sont maintenant envoyés par d'anciens militaires qui ont participé à l'Opération « Tempête du Désert ».

Cette situation est d'autant plus grave que nombre de nos vétérans du Golfe souffrent du « Syndrome du Golfe », une affection neurologique grave qui n'est pas reconnue dans notre pays alors qu'elle l'est aux USA, au Royaume-Uni, en Australie…

Vous trouverez, à ce sujet, avec la présente, le témoignage de Vincent FILIMOEHALA, ancien de la Division Daguet, ainsi que la lettre envoyé, le 21 juillet 2015, par Atama TEUGASIALE, ancien du 2ᵉ RIMA, au Président de la République.

De nombreuses autres lettres adressées au Premier ministre, au ministre des Finances, au ministre de la Défense, au Conseil Constitutionnel, au Défenseur des Droits, sont disponibles sur le site « Alerte éthique ».

La situation est d'une telle gravité que je sollicite une intervention de votre part sur ce dossier car je sais que vous ne pourrez être que révolté par cette terrible dérive totalitaire – car il s'agit bien de cela – du pouvoir politique du début des années 90, et que vous saurez agir, demander des explications aux ministres concernés, poser une question au gouvernement, et même, s'il le faut, demander une enquête parlementaire pour lever le voile sur cette affaire.

Je me tiens à votre disposition, ainsi que plusieurs vétérans de la Division Daguet, pour répondre à vos questions si vous l'estimez nécessaire.

Je vous prie d'agréer, Monsieur le Député, l'expression de ma plus haute considération.

Jean-Charles DUBOC

Parmi les destinataires, il y avait Édouard Philippe qui était maire du Havre et futur Premier ministre d'Emmanuel Macron.

La première réponse ne s'est pas fait tarder !...

C'est Nicolas DUPONT-AIGNAN, député de l'Essonne, qui m'informe qu'il a posé le 0209/2015 une question au gouvernement (N° 88412) :

Question N° 88412 de Nicolas Dupont-Aignan :

« *M. Nicolas DUPONT-AIGNAN appelle l'attention de M. le ministre de la défense sur des informations officieuses faisant état de sommes qu'aurait perçu l'État Français à la suite de la guerre du Golfe de 1991, au titre des dommages civils et militaires des Forces de la Coalition. Ces sommes dont le prélèvement a pu être vérifié sur les banques centrales du Koweït, des Émirats arabes Unis et de l'Arabie Saoudite, n'ont jamais fait l'objet d'inscription de crédits dans la comptabilité nationale et n'ont pu de ce fait bénéficier aux unités combattantes notamment aux soldats souffrant de symptômes post-traumatiques. Il lui demande de bien vouloir confirmer ou non ces informations et, si elles sont avérées, à quels budgets publics ou privés ces sommes ont pu être affectées* ».

Le texte de la réponse (05/01/2016) sera :

« *Le ministère de la défense ne dispose d'aucun élément ni d'aucune information permettant d'établir que la France aurait perçu des sommes, transitant par les banques centrales du Koweït, des Emirats Arabes Unis et d'Arabie Saoudite, correspondant à des indemnités de guerre versées aux pays de la coalition ayant participé à la guerre du Golfe en 1991* ».

Ils ne savent vraiment pas grand-chose au cabinet du ministre de la Défense...

En même temps, Patrick HETZEL, député du Bas-Rhin, m'informe qu'il a adressé lui aussi une question au gouvernement :

Question N° 88412

« *M. Patrick HETZEL attire l'attention du Ministre de la Défense sur les indemnités de la guerre du Golfe 1991. Le New York Times du 8 septembre 1992 révèle que les banques du Koweït, des Émirats arabes Unis et d'Arabie Saoudite ont viré directement 84 milliard de dollars aux pays de la coalition. Il souhaite savoir si la France a touché ces financements* ».

Le texte de la réponse (16/01/2016) est :

« *Le ministère de la défense ne dispose d'aucun élément ni d'aucune information permettant d'établir que la France aurait perçu des sommes, transitant par les banques centrales du Koweït, des Emirats Arabes Unis et d'Arabie Saoudite, correspondant à des indemnités de guerre versées aux pays de la coalition ayant participé à la guerre du Golfe en 1991* ».

Question N° 94071, **de M. Philippe Meunier** (Les Républicains - Rhône) le 15/03/2016 :

« *Philippe Meunier appelle l'attention de M. le ministre de la défense sur l'attribution à la France d'une aide financière du Koweït en 1991 dans le cadre de la guerre du Golfe. Par un communiqué de presse du 25 février 1991, le ministère des affaires étrangères faisait part de l'annonce, par l'émir du Koweït, d'un don de un milliard de dollars à la France au titre de son effort militaire dans le Golfe. Aussi, il lui demande si cette somme a bien été versée à la France et souhaite connaître, si cela est le cas, l'utilisation qui en a été faite.* »

La réponse du ministre (19/04/2016) est la suivante : « *Le ministère de la défense ne dispose d'aucun élément ni d'aucune information permettant d'établir que la France aurait perçu des sommes, versées par le Koweït, les Emirats Arabes Unis et l'Arabie Saoudite, correspondant à des indemnités de guerre attribuées aux pays de la coalition ayant participé à la guerre du Golfe en 1991* ».

Le ministère de la Défense n'a vraiment pas poussé loin ses enquêtes...

Question au Gouvernement N° 94335 de M. Jean-Sébastien Vialatte (22/03/2016), 14ème législature (Les Républicains - Var)

« *Jean-Sébastien Vialatte appelle l'attention de M. le ministre de la défense sur les indemnités de la guerre du Golfe de 1991. Dans une réponse à une question écrite précédente ce dernier affirme ne disposer d'aucune information ni d'aucun élément permettant d'établir que la France en tant que pays de la coalition a perçu des indemnités de guerre au titre de son engagement dans le guerre du*

Golfe de 1991, indemnités ayant été virées par les banques du Koweït, de l'Arabie Saoudite et des Émirats arabes Unis comme le précise le New York Times dans son édition du 8 septembre 1992. Or le versement d'un milliard de dollars par l'Émir du Koweït à la France avait d'ailleurs été confirmé le 26 février 1991 par le ministre de l'économie et des finances de l'époque, M. Pierre Bérégovoy. Eu égard notamment aux militaires de la division Daguet et à leurs familles qui n'ont pas reçu les indemnités promises au titre du « syndrome de la guerre du Golfe », il lui demande d'envisager la possibilité de la création d'une commission d'enquête parlementaire afin de vérifier la comptabilité de ces milliards de dollars d'indemnités évoquées. »

La réponse (03/05/16) à Jean-Sébastien Vialatte est la suivante : *Le ministère de la défense ne dispose d'aucun élément ni d'aucune information permettant d'établir que la France aurait perçu des sommes, versées par le Koweït, les Emirats Arabes Unis et l'Arabie Saoudite, correspondant à des indemnités de guerre attribuées aux pays de la coalition ayant participé à la guerre du Golfe en 1991.*

Par ailleurs, il est à noter que les militaires ayant pris part à ce conflit ont pu bénéficier, à leur demande et avant le soixantième jour suivant leur retour sur leur lieu d'affectation, d'un dépistage médical portant sur les risques sanitaires spécifiques auxquels ils étaient susceptibles d'avoir été exposés, ainsi que d'un entretien psychologique. De plus, les demandes de pensions militaires d'invalidité (PMI) formulées par certains de ces militaires ont été examinées par des médecins ou spécialistes, chargés de confirmer ou d'infirmer les premiers diagnostics établis, ainsi que le lien avec le service. A cet égard, il peut être précisé qu'entre le 17 janvier 2000 et le 27 octobre 2014, 18 PMI ont été concédées à des vétérans de la guerre du Golfe, au titre de maladies habituellement rencontrées sur les théâtres d'opérations extérieurs, imputables au service par preuve ou par présomption, telles que des maladies neurologiques, des pathologies ostéo-articulaires ou des états de stress post-traumatique. L'observatoire de la santé des vétérans (OSV) coordonne les activités destinées à renforcer le soutien médical apporté à la communauté militaire. En relation avec le Centre d'épidémiologie et de santé publique des armées, l'OSV effectue notamment une veille scientifique et bibliographique s'agissant des conséquences de la guerre du Golfe sur la santé des vétérans. Enfin, afin d'améliorer le dépistage et la prise en charg médicale des militaires et anciens militaires souffrant de troub'

psychologiques post-traumatiques, ainsi que l'accompagnement psychosocial de leurs familles, trois plans d'actions successifs et complémentaires ont été instaurés par le ministère de la défense (2011-2013, 2013-2015, 2015-2019). Il est par ailleurs souligné que la création éventuelle d'une commission d'enquête, telle que suggérée dans la question écrite, relève exclusivement de l'initiative parlementaire.

C'est curieux, un simple citoyen bien avisé est capable de trouver sur le web des documents qui prouvent qu'il y a eu Un milliard de dollars de virés... Monsieur le ministre se ridiculise, se décrédibilise se ridiculise avec sa réponse sur les indemnités de guerre virées à la France : il n'y en a jamais eu !... Quant à la santé des vétérans de la Division Daguet, une petite recherche sur les documents mis en ligne par les Américains permet de conclure que la situation est belle et bien dramatique pour plus de 150.000 vétérans de l'Opération « Tempête du Désert ».

Il faut aussi souligner l'intervention de Michel VOISIN, député de l'Ain, le mardi 16 février 2016 à la commission de la défense nationale et des forces armées

Séance de 17 heures, Compte rendu n° 35.

— Audition de M. Jean-Yves Le Drian, ministre de la Défense, sur les conditions d'emploi des forces armées lorsqu'elles interviennent sur le territoire national pour protéger la population...

(...)

> 1. Michel Voisin : « *Certains membres de la commission ainsi que les médias ont évoqué l'opération Daguet, affirmant qu'un milliard de dollars ne serait pas rentré dans les caisses de Bercy, ou bien se serait perdu depuis. Avez-vous des précisions à nous donner sur ce point ?*»

(...néant : Le ministre parle d'autre chose, mais le député revient à la charge) :

> 1. Michel Voisin : « *Lorsqu'on se rapporte aux archives, un communiqué de M. Roland Dumas, ministre des Affaires étrangères en 1991, affirme que l'émir du Koweït a annoncé que la France bénéficierait d'un*

milliard de dollars de dommages de guerre pour sa participation à la guerre du Koweït.»

2. le ministre : « *L'information n'est pas parvenue au ministère de la Défense.*»

1. Michel Voisin : « *Faut-il créer une commission d'enquête parlementaire pour comprendre où est passé ce milliard de dollars ?*»

2. le ministre : « *Merci de m'avoir alerté sur le sujet.*»

Absolument ahurissant dans une démocratie !...

Le ministre évacue la question par un remerciement !...

Dans le même type de réaction, franchement légère, on peut noter la réponse à Nicolas DHUICQ, député de l'Aube à la **question N° 93653**

Texte de la question (01/03/2016)

« *M. Nicolas Dhuicq attire l'attention de M. le ministre des finances et des comptes publics sur l'attribution à la France d'indemnités de la guerre du Golfe de 1991 qui auraient été versées par le Koweït et d'autres pays du Golfe et qui auraient représenté plusieurs milliards de dollars. Il souhaiterait savoir si cette somme a bien été versée à la France et le cas échéant, l'utilisation qui en été faite* ».

Texte de la réponse (19/04/2016) :

« *Le ministère de la défense ne dispose d'aucun élément ni d'aucune information permettant d'établir que la France aurait perçu des sommes, versées par le Koweït, les Emirats Arabes Unis et l'Arabie Saoudite, correspondant à des indemnités de guerre attribuées aux pays de la coalition ayant participé à la guerre du Golfe en 1991* ».

La réponse est pour le moins surprenante – que dis-je ?... cauchemardesque pour une démocratie... - le ministre ne parle plus des banques centrales et semble totalement ignorer le don d'UN milliards de dollars de l'émir du Koweït !...

Et puis, le ministre des Finances évoque le ministère de la défense pour se "dédouaner"...

Insatisfait et tenace Nicolas DHUICQ repose la même question au ministre des finances :

Question N° 96040 au Ministère de la défense

Question soumise le 24 mai 2016

« *M. Nicolas Dhuicq appelle l'attention de M. le secrétaire d'État, auprès du ministre des finances et des comptes publics, chargé du budget sur l'attribution à la France d'indemnités de la guerre du Golfe de 1991 qui auraient été versées par le Koweït et d'autres pays du Golfe et qui auraient représenté plusieurs milliards de dollars. Il souhaiterait savoir si cette somme a bien été versée à la France et le cas échéant, l'utilisation qui en été faite* ».

Réponse émise le 21 juin 2016

« *L'objet de la question écrite no 96040 du 24 mai 2016 est identique à celui de la question écrite no 93653 du 1er mars 2016 qui a donné lieu à une réponse du ministre de la défense publiée au Journal officiel le 19 avril 2016. Le ministère de la défense ne dispose d'aucune information supplémentaire sur ce sujet* ».

Toujours pas très curieux au ministère de la Défense...

A tous ces courriers surprenants, on peut aussi ajouter une **lettre que Jean LASSALLE**, député des Pyrénées-Atlantiques, m'a envoyée le 24 mars 2016 (disponible sur mon blog) : « *Afin de percer ce silence, j'adresse une énième question à Monsieur Jean-Yves LE DRIAN, ministre de la défense, dans laquelle je lui demande de bien vouloir apporter les éclaircissements relatifs à l'éventuelle disparition des sommes évoquées...*

En ce qui concerne la mise en place d'une commission d'enquête que vous appelez fort justement de vos vœux, je joins à ce courrier la copie d'une lettre émise en date du 9 février 2016 par Monsieur Jean-Claude BOURJAC, chef de cabinet de Monsieur Gérard Larcher, président du Sénat. Cette lettre fait suite à la requête que vous avez formulée auprès de Monsieur Gérard LARCHER, président du Sénat.

Je me propose donc d'initier une démarche analogue et de demander la création d'une commission d'enquête parlementaire à l'Assemblée Nationale relative à la disparition des milliards de la Division Daguet ».

Le dossier commence à être connu au Sénat...

Le ministre de la Défense, et ses fonctionnaires, auraient pu tout simplement chercher dans **les archives du journal « Le Monde » en date du 27 février 1991** pour en savoir plus : « *POUR aider la France à financer sa participation à la guerre, le Koweït va lui verser 1 milliard de dollars (environ 5 milliards de francs). L'émir du Koweït l'a fait savoir directement, lundi 25 février, au président de la République* ».

Une bonne nouvelle pour les finances de l'État : M. Michel Charasse, ministre délégué au budget, n'a pas manqué de s'en féliciter immédiatement. Un don toujours bon à prendre, mais les Français aimeraient sans doute aussi participer plus activement à la prochaine reconstruction du pays.

Appréciant le "geste" de l'émir, M. Charasse ajoutait : "*C'est une grosse contribution, mais qui n'a rien d'exceptionnel.*" Effectivement, la guerre du Golfe a ceci d'original qu'elle réunit, au sein des forces alliées, deux types de pays : ceux qui ont de l'argent mais des armées maigrichonnes (le Koweït, l'Arabie saoudite, mais aussi l'Allemagne et le Japon) et ceux qui ont de puissantes forces militaires mais pas beaucoup de moyens financiers (les États-Unis, la Grande-Bretagne et la France). Tels des mercenaires, ces derniers travaillent... » Etc...

On peut aussi trouver sur le site de la direction de l'information légale et administrative, un communiqué en date du 25 février 1991, deuxième jour de l'offensive terrestre, relatif à l'attribution à la France d'une aide financière du Koweït :

« *Communiqué du ministère des affaires étrangères en date du 25 février 1991 sur l'attribution à la France d'une aide financière du Koweït.*

Circonstances : Annonce, le 25 février 1991 par l'émir du Koweït, d'un don de 1 milliard de dollars à la France au titre de son effort militaire dans le Golfe.

L'Emir du Koweït vient de faire savoir au Président de la République française qu'il avait décidé de contribuer à hauteur d'un milliard de dollars à l'effort militaire français pour la libération de son pays.

- Au moment où les soldats français sont engagés dans l'action terrestre destinée à mettre fin à une longue et cruelle occupation, la France apprécie hautement cette manifestation de solidarité. »

Ainsi, on peut conclure, sans hésitation, que le versement, en 1991, d'un milliard de dollars à notre pays est reconnu par le ministère des Affaires Étrangères mais qu'il n'y a aucune trace dans les comptes de notre pays !...

Gênant !...

Aussi je me pose plusieurs questions :

Monsieur Roland DUMAS, ministre des Affaires Etrangères au moment des faits (et son administration), est-il un menteur, ou messieurs les ministres de la Défense, de l'Economie, du Budget et des Douanes, sont-ils des menteurs ?...

Ou alors, s'ils ne le sont pas, comme on veut bien le croire, faut-il en déduire qu'un milliard de dollars s'est perdu avant d'arriver à Paris ?...

Dans ce cas-là, qu'a-t-il été entrepris par les gouvernements actuels et antérieurs pour retrouver ces fonds en cette période difficile pour les budgets ?...

Chapitre XII

14 Mai 2017

Emmanuel Macron élu Président de la République

L'élection présidentielle de l'année 2017 a vu disparaître l'hégémonie de la classe politique française qui gouvernait le pays depuis plus de trente ans.

La succession d'informations sur de possibles conflits d'intérêt ou d'emplois fictifs de François Fillon a conduit à l'élimination de celui-ci au premier tour de la Présidentielle tandis que Benoît Hamon, le candidat des socialistes, était discrédité par la gestion calamiteuse et les promesses non tenues sur la réduction du chômage faites par François Hollande.

A tel point qu'au premier tour de la Présidentielle, les quatre premiers candidats se tenaient au coude à coude avec 24,01 % pour Emmanuel Macron, 21,30 % pour Marine Le Pen, 20,01 % pour François Fillon et 19,58 % pour Jean-Luc Mélenchon.

Ce sera Emmanuel Macron, le leader du nouveau parti politique « En Marche » qui sera élu Président de la République au deuxième tour de cette élection.

Les « Marcheurs » auront gagné, dans la foulée, une surprenante majorité à l'Assemblée Nationale avec 308 députés dont beaucoup sont des novices, aux origines politiques diverses, mais avec, malgré tout, beaucoup d'ex-socialistes.

De plus, pour bien marquer son autorité Emmanuel Macron a fait signer à ses candidats aux législatives un texte qui empêche d'office le débat parmi les militants : « *Je certifie sur l'honneur adhérer aux valeurs portées par En Marche et m'engage, si je suis désigné (e) candidat(e) aux élections législatives, à soutenir le plan de transformation et à signer le contrat avec la nation.* ».

Dans le contrat avec la nation est indiqué : « *On trouvera dans les pages qui suivent le contenu de notre projet, celui qui sera mis en œuvre par le futur gouvernement. Ce sont ces mêmes engagements que je demanderai au gouvernement comme à l'ensemble des parlementaires qui constitueront la majorité présidentielle.* »

En signant ces engagements, les « Marcheurs-au-pas » se sont soumis d'office au président de leur parti et lui ont donné un pouvoir unique, un « pouvoir jupitérien », lorsqu'il a pris le pouvoir !...

Extraordinaire !...

Avec le détournement des indemnités de la guerre du Golfe nous sommes devenus un authentique « totalitarisme mafieux » où un Président peut détourner des milliards en toute impunité.

Maintenant, avec les engagements des députés "Marcheurs", et leur majorité absolue lors des votes à l'Assemblée Nationale, nous subissons un pouvoir unique !...

Ce qui nous donne la remarquable formule :

[Pouvoir totalitaire + Pouvoir unique] = [Dictature]

Nous sommes dans une situation unique, pour ne pas dire dramatique, où le pouvoir est confisqué par un Président très inexpérimenté qui se distingue régulièrement par des petits dérapages bien pesés, pour ne pas dire des humiliations, du mépris, adressés aux « Gens qui ne sont rien », aux « Fainéants », aux « Cyniques », etc..., et qui, à chaque fois, font bondir une partie des citoyens.

Plutôt que de tenir des propos indignes d'un Président de la République, qui doit être le président de TOUS les Français, Emmanuel Macron aurait dû, afin de bien réaliser le rôle qu'il tient, se pencher sur les études du psychosociologue américain Stanley Milgram qui, en 1956 à l'université de Yale, a étudié la soumission des individus à l'autorité.

A la suite de ces expériences dont le but était de comprendre comment les Allemands, un peuple cultivé, avaient pu succomber au nazisme, Stanley Milgram a conclu que, dans une démocratie, près de 60% des individus sont prêts à se transformer en tortionnaires et en assassins, si une autorité prestigieuse leur demande.

L'expérience a été refaite maintes fois y compris par France 2 dans le « Jeu de la Mort » où 80% des « élèves » ont accepté de donner des décharges électriques mortelles à une personne contre laquelle ils n'avaient aucun grief. Terrible...

C'est vrai que c'est prestigieux, la télévision !...

Il faut savoir que 4% de sociopathes autoritaires se complètent très bien avec 60 % de personnes prédisposées à la soumission !...

La seule façon d'éviter que les deux ne constituent un totalitarisme, qu'il soit national-socialiste, communiste, islamiste, mafieux ou/et financier, est l'existence de réels contre-pouvoirs, une libre information et des débats continuels, c'est à dire une démocratie.

Nous nous en éloignons de plus en plus.

Nous avons tous les ingrédients pour avoir une « dictature douce » sauf pour les gêneurs et les opposants politiques car la République donne au Président actuel, avec les lois liberticides récentes, des moyens puissants pour neutraliser ceux qui refuseraient sa « dictature éclairée ».

Néanmoins, le combat continu, et, dès l'élection de notre nouveau président, Atama Teugasiale, vétéran de la guerre du Golfe, s'est empressé de lui écrire :

Atama TEUGASIALE

PAITA 31 mars 2017

Monsieur Emmanuel MACRON

Président de la République

Objet : Recours Hiérarchique

Monsieur le Président de la République,

Tout d'abord, au nom de tous mes frères d'armes, Vétérans de la Guerre du Golfe, je salue votre victoire et vous adresse tous mes vœux de succès pour gouverner la France.

Le but de cette lettre est de vous informer d'un fait gravissime relatif à la Guerre du Golfe, le détournement des Indemnités de la Guerre du Golfe attribuées à la France en 1991.

Il a été dénoncé en 1998 par M. Jean-Charles DUBOC auteur de l'ouvrage « Les Milliards Disparus de la Division Daguet » et détenteur du site « Alerte-éthique.fr » Commandant de bord B747/200 Retraité. Celui-ci a fourni des indications très précises sur ce dossier, ces informations sont très importantes.

A savoir, qu'il n'y a jamais eu de démenti à ces accusations par les différents Ministères concernés.

Pour votre information, en multipliant les actions de communication, forts de leur détermination, bon nombre de Ministres, Députés ainsi que l'ensemble de Hauts Fonctionnaires de l'Etat ont été avisés par M. Jean-Charles DUBOC et M. Vincent FILIMOEHALA (vétéran) qui est un témoin clé dans ce dossier épineux.

A ce jour, le Ministère de la Défense reste muet aux nombreuses doléances. Pour quelle raison ce silence ? Vivons-nous réellement dans un pays démocratique ? La liberté d'expression est-elle bafouée par nos élus ? Ils ne sont pas au-dessus de la loi, qui s'applique à tout citoyen. Dans ce cas précis, sont-ils aussi complices de cette corruption titanesque ? Et pour finir, je pense que le cynisme en politique est une attitude dictatoriale.

La prime de guerre prévue pour la participation à ce conflit n'a jamais été virée, alors qu'elle avait été promise par le Gouvernement de l'époque.

Cependant, malgré les diverses missives envoyées par mes soins à votre prédécesseur (le 19 décembre 2014, 12 février 2015 et le 21 juillet 2015), face au mutisme, j'ai l'honneur de vous transmettre ma requête.

Lors de votre première allocution le soir du deuxième tour du scrutin Présidentiel, vous avez affirmé être attentif aux préoccupations des citoyens en évoquant :

- Les maux, les irrégularités et les discriminations ;

- Que vous servirez avec Humilité et Amour au nom de notre devise « Liberté, Egalité, Fraternité » ;

- Que vous serez fidèle aux engagements pris vis-à-vis des français ;

- Que vous direz à chaque fois la vérité ;

- Que vous protégerez la République ;

Et, vous avez conclu par ce message : « renouer avec l'optimisme et rendre aux Français les chances de réussites ».

C'est pourquoi, face aux divers dysfonctionnements constatés à propos de cette indemnité, fidèle aux valeurs Républicaines et en mémoire de mes camarades décédés, blessés, retraités et actifs, j'ai l'honneur de solliciter votre bienveillance afin qu'une « Commission d'Enquête Parlementaire soit enfin diligentée officiellement ».

Cela permettra l'analyse des conditions d'un détournement de fonds publics et définir les causes de cet échec de l'Etat. La reconnaissance sera la régularisation des fonds disparus et prouver que certains de nos soldats souffrent de la pathologie du syndrome du Golfe.

Je sais, Monsieur le Président, que vous êtes extrêmement sollicité et trouverez ma démarche très audacieuse, mais, j'agis dans le but d'améliorer le fonctionnement de notre démocratie. Sachez que l'effet médiatique de cette corruption aura un impact énorme dans l'opinion publique Française et Européenne.

L'opinion publique approuvera-t-elle ces dérives lorsque cette affaire prendra de l'ampleur par sa médiatisation ? Notre détermination sera à la hauteur de l'enjeu afin que nous puissions enfin bénéficier des droits correspondants exactement à notre engagement pour la défense de la Nation.

Pour ma part, je suis un vétéran de la 1ère compagnie du 2ème RIMA, j'ai participé à cette opération et vous, un nouveau serviteur de la République et de ses valeurs. J'ai une entière confiance en votre jugement et sachez, que je ne renierai jamais mes engagements pour ma patrie et suis fier d'être français.

En révélant ce délit au Peuple, aux militaires, le détournement des indemnités de la Guerre du Golfe et en transmettant le dossier au Ministère de la Justice, vous redonnerez à la République Française une légitimité qu'elle a perdue et lui garantirez un fonctionnement sain de notre démocratie qui la préservera de toute dérive totalitaire.

Si j'ai porté à votre connaissance ce recours hiérarchique, c'est dans le cadre d'une demande d'audience à titre personnel au profit de M. Jean-Charles DUBOC et de M. Vincent FILIMOEHALA qui sont prêts à vous fournir plus en détail toutes les informations capitales liées à la gravité de l'ampleur de cette affaire d'Etat.

Je comprends très bien que vos préoccupations du moment vous en empêchent mais je compte sur votre soutien, en qualité de Chef des Armées.

Pour conclure, en me référant au cinquième chantier de votre Programme, celui du renouveau démocratique, j'espère qu'une *suite favorable sera accordée à ma requête et l'examen de la recevabilité de la demande.*

Dans l'espoir, que cette démarche retienne toute votre attention, ainsi que votre équipe Gouvernementale,

Je vous prie de croire, Monsieur le Président de la République, l'expression de ma plus haute considération

Atama TEUGASIALE

Je remercie une nouvelle fois Atama pour ce courrier qui est resté sans réponse de l'Élysée jusqu'au 13 septembre.

Ce courrier est très judicieux car lorsqu'on se penche sur le « Programme d'Investissement d'Avenir (PIA), disponible sur le site de la Caisse des Dépôts et Consignation, on s'aperçoit qu'il reste, en août 2017, près de 11,8 milliards qui ne sont ni confiés, ni engagés, ni investis, sur 57 milliards du PIA, alors que cela fait plus d'UN AN, en fait depuis l'annonce du 2 mars 2016 par le Gouvernement, que 10 milliards d'euros ont été attribués au PIA :

EXTRAIT : « *Doté de près de 57 milliards d'euros, le Programme d'Investissements d'Avenir (PIA), piloté par le commissariat général à l'Investissement, a été mis en place par l'Etat pour financer des investissements innovants et prometteurs sur le territoire, avec un principe de co-financement pour chaque projet.*

Les 57 Md€ consacrés par l'Etat aux investissements d'Avenir ont été mobilisés en trois temps :

• en 2010, 35 Md€ ont été dédiés à la première vague (PIA1)

• en 2014, le PIA a été renforcé et s'est vu allouer une enveloppe complémentaire de 12 Md€ (PIA2)

• en 2016, 10 Md€ supplémentaires ont été dédiés au PIA

Ce qui donne :

23 Md€ confiés

14,2 Md€ engagés

8 Md€ investis »

En août 2017, il y a apparemment encore quelques « beaux milliards » à récupérer pour la Défense, puisqu'il y a 45,2 milliards d'euros confiés, engagés et investis, sur 57 milliards du PIA.

Le solde positif est ainsi de 11,8 milliards d'euros.

Bien sûr, c'est à la Défense de se pencher sur cette affaire, de savoir si les fonds de la « Division Daguet » ont été détournés, et, si c'est le cas, quelles ont été les actions entreprises par les gouvernements successifs pour les récupérer.

Vous pouvez imaginer que, s'il y a 11,8 milliards disponibles, une partie importante pourrait être affectée à la Défense, au ministère de la Sécurité Intérieure, à la Justice et à l'Éducation (Grands voiliers-écoles).

Mais d'où vient cet argent ?...

On sait, par un article de l'Usine Nouvelle du 21 septembre 2015, que « *Le gouvernement devrait lancer un nouveau grand emprunt de 10 milliards d'euros en 2016 pour prolonger le programme des investissements ... »*.

Un emprunt supplémentaire de 10 milliards, soit, mais il est extraordinaire que cette somme ne soit toujours pas investie un an et demi après cette décision alors que c'est pour financer la recherche et l'innovation dans les secteurs considérés comme stratégiques par l'État et que les besoins sont importants.

Alors revenons aux indemnités de la guerre du Golfe de 1991, à l'affaire Basano-Ferrayé, et aux montants absolument colossaux qui ont été détournés :

1/ Détournement des milliards de la Division Daguet qui se monte à 7 milliards $ en valeur 1991, soit 18 milliards d'euros en valeur actuelle ;

2/ Détournement sur l'extinction des puits de pétrole en feu soit 23 milliards de dollars en valeur 1991, c'est à dire 60 milliards en valeur actuelle.

Ce qui représente un total de 78 milliards d'euros en valeur 2017, si les fonds ont été placés correctement, par exemple au taux de 5% auprès de la Bundesbank pour la réunification de l'Allemagne.

Très curieusement, il y a, parallèlement aux fonds disparus lors de la guerre du Golfe, des fonds tout aussi importants, ceux du « Grand Emprunt 2010 » qui devaient être souscrits auprès du public mais ont été empruntés sur le marché des capitaux ou bien rendus disponibles par des montages financiers peu compréhensibles.

Est-il possible de faire un rapprochement ?...

C'est ce qu'a fait « I-Cube » dans son roman « Opération Juliette-Siéra [1] », disponible sur le web, où il explique qu'un de nos agents, le capitaine de corvette Paul de Bréveuil part à la recherche des fonds disparus de la guerre du Golfe et les identifie dans un Trust à Londres.

Le récit romanesque « Opération Juliette-Siéra », auquel j'ai participé sous le pseudonyme de « Capitaine Haddock », éclaire d'une façon remarquable les deux détournements de fonds de la guerre du Golfe et leur récupération partielle.

Après l'élection présidentielle de 2017, les tensions sont extrêmes entre le pouvoir politique et la Défense Nationale mais elles ne sont pas uniquement liées au niveau de corruption de la classe politique française.

---

[1] http://infreequentable.blogspot.fr/2010/05/operation-juliette-siera.html

Il faut décrypter la Conférence des Ambassadeurs du 29 août 2017 pour commencer à comprendre comment les tensions entre le Président et la Défense ont pu atteindre un tel niveau qui n'a pas d'équivalent dans la cinquième république :

EXTRAIT « (...) *il n'y a plus d'ennemi conventionnel et, si l'on suit le raisonnement, le pays n'aura vraisemblablement plus besoin d'armée pour défendre son territoire. En revanche, elle doit faire face à un ennemi non-conventionnel, le « terrorisme islamiste », qui exige à la fois une police omniprésente et une armée de projection capable d'intervenir dans les foyers de terrorisme à l'étranger : La Syrie et l'Irak d'un côté, la Libye et le Sahel de l'autre* ».

C'est vraisemblablement ce changement d'objectifs, manifestement pas intégré par la Défense car il implique que la dissuasion nucléaire n'a plus de raison d'être, qui a conduit à la démission du chef d'état-major des armées, à peine confirmé dans ses fonctions quelques jours auparavant.

C'était franchement trop pour le général de Villiers.

Le Président n'a pas compris que l'on ne peut pas fermer la DGA, nos centres de fabrication d'armes nucléaires ainsi que nos centres de recherche qui sont parmi les meilleurs au monde.

Il aurait dû lire la proposition des astronautes américains de la Fondation B612 qui souhaitent protéger la Terre d'une collision avec des astéroïdes. Elle a été reprise par Dimitri Rogozyne, vice-ministre de la Défense russe, puis incluse dans la résolution A/71/492 de l'ONU, du 6 décembre 2016, qui proclame, afin de sensibiliser le public aux dangers d'un impact, la création du « jour international des astéroïdes », le 30 juin de chaque année.

Il est aussi nécessaire d'anticiper les risques de collisions d'une comète avec la Terre comme cela a été le cas avec la comète Shoemaker Levy-9 qui a percuté la planète Jupiter en juillet 1994, provoquant des explosions gigantesque dont l'une avait la taille de la Terre.

La seule solution pour détruire une comète arrivant à 60km/sec, qui a bien plus d'énergie qu'un astéroïde, est d'utiliser des armes nucléaires à des distances aussi élevées que l'orbite de Mars ou de Jupiter. Un tel projet permettrait de rassembler les Terriens autour d'un projet planétaire, afin de sauvegarder la Terre, tout en maintenant notre savoir-faire dans la fabrication d'armes nucléaires.

Les tensions entre le Président de la République et le chef d'Etat-major des armées ont provoqué la démission de celui-ci le 19 juillet 2017, en même temps, d'ailleurs, qu'était mis en ligne sur un site libanais en langue arabe un texte détaillant le détournement des fonds de la Division Daguet. [2]

Certains feront y verront une coïncidence.

Ce texte a été très bien lu avec 30.000 connexions en trois jours. Une large diffusion dans le monde arabe a alors été faite, en particulier au Proche et au Moyen-Orient.

De plus, le 12 septembre 2017, un courrier a été envoyé à Son Excellence l'Ambassadeur du Koweït en France, à S.E. l'Ambassadeur des Émirats Arabes Unis ainsi qu'à S.E. l'Ambassadeur d'Arabie Saoudite en France [3]. Il était accompagné d'une traduction en arabe du livre les « Milliards disparus de la Division Daguet »

Pour compléter l'information sur le sujet, un courrier a été envoyé le 14 septembre à la Délégation à l'information et à la communication de la défense (DICOD) où je suis bien connu depuis l'interview que j'ai accordé au sujet de l'OVNI observé au-dessus de Paris le 28 janvier 1994.

Quelles ont été les conséquences de l'envoi de ces courriers ?...

A la mi-octobre 2017, il est possible de décrypter l'information des trois derniers mois et de noter des coïncidences surprenantes :

---

2 www.ahewar.org/debat/show.art.asp?aid=565790

3 http://www.alerte-ethique.fr/news/guerre-du-golfe-1991-lettre-a-la-delegation-a-linformation-et-a-la-communication-de-la-defense-dicod/

1/ Le 19 juillet 2017 : démission du général Pierre de Villiers, Chef d'Etat-major des Armées ;

2/ Le même jour, mise en ligne d'un texte en langue arabe sur un site libanais où est expliqué le détournement des indemnités de la guerre du Golfe ;

3/ Un mois plus tard, le 26 août 2017, visite en Irak de Florence Parly, ministre de la défense, et de Jean-Yves Le Drian, Ministre des Affaires Etrangères, afin de développer un important partenariat avec les Irakiens ;

4/ Le 1er septembre 2017, Saad Hariri, premier ministre libanais, rencontre Emmanuel Macron à Paris ;

5/ Le 12 septembre, envoi d'un courrier aux Ambassadeurs en France du Koweït, des EAU et d'Arabie Saoudite, accompagné du livre « Les milliards disparus de la Division Daguet » rédigé en langue arabe [4] ;

6/ Le 13 septembre, l'Etat-major particulier de la Présidence de la République transmet, pour information, à la ministre de la Justice la lettre qu'Atama Teugasiale a adressée à Emmanuel Macron [5]. Je précise que j'ai reçu, le 29 février 2016, une lettre de remerciements du général Benoît Puga [6], chef d'Etat-major particulier du Président de la République, pour mon livre « Les milliards disparus de la Division Daguet » ;

7/ Le 14 septembre, courrier d'information au DICOD ;

8/ Le 25 septembre 2017, visite d'Etat du général Michel Aoun, président libanais, qui repart avec un magnifique soutien économique, diplomatique et financier de la France (le tout parfaitement justifié) ;

---

[4] ISBN-13 : 978-1975743505

[5] http://www.alerte-ethique.fr/news/guerre-du-golfe-1991-reponse-de-la-presidence-de-la-republique-a-atama-teugasiale/

[6] http://www.alerte-ethique.fr/news/remerciements-du-general-benoit-puga/

9/ Le 28 septembre 2017, lancement d'un nouveau Programme d'investissement d'Avenir (PIA) de 57 milliards d'euros. Certains journalistes économiques se sont étonnées de la provenance assez complexe des fonds et des raisons de ce nouveau PIA ;

10/ Le 5 octobre 2017, annonce d'un prêt de 430 millions d'euros pour l'Irak.

11/ Le 14 octobre 2017, L'Elysée a annoncé que le Président de la République envisageait de se rendre en Iran, à l'invitation du président Rohani. Il s'agirait de la première visite d'un chef d'Etat ou de gouvernement français en Iran depuis 1976.

C'est là où je trouve que cela commence à faire beaucoup de "coïncidences"...

Je rappelle que la démission du général Pierre de Villiers est notamment liée à la réduction de 850 millions d'euros des crédits destinés à l'achat d'équipements militaires en 2017.

Alors, d'un côté on prête 430 millions à l'Irak et de l'autre on sabre les budgets militaires de 850 millions !...

La pression risque de monter sérieusement dans les Etats-majors car la vétusté des matériels est une source d'ennuis continuels, de missions annulées, de manque d'entrainement des équipages, etc...

En conclusion, je me pose cette question : « *Les pays arabes qui connaissent, à l'automne 2017, vraiment très bien le dossier du détournement des indemnités de la guerre du Golfe, suite à la diffusion en langue arabe d'informations indiscutables sur un site libanais, ont-ils un moyen de pression très efficace sur le Président de la République et le Gouvernement ?...».*

Je me pose aussi cette autre question : « *Le rapprochement avec l'Iran ne marquerait-il pas une rupture de notre alliance avec les États-Unis et une soudaine accélération positive du rôle de la France dans cette région du monde ?...».*

Enfin, cette troisième question : « *La divulgation, tout du moins sur internet, des détournements de fonds de la guerre du Golfe se limite-t-elle aux deux détournements précités ou bien faut-il chercher autre chose qui pourrait expliquer pourquoi le Roi Salman d'Arabie Saoudite a effectué, le 4 octobre 2017, une visite officielle à Moscou où il a rencontré Vladimir Poutine et lancé un important partenariat militaire avec la Russie ?... »*

Chapitre XIII

La disparition des fonds de la banque centrale
du Koweït le 2 août 1991

Lors de l'invasion du Koweït par les troupes de Saddam Hussein, le 2 août 1991, l'un des principaux objectifs était la banque centrale du Koweït et le Palais de l'Émir où étaient déposés environ 48 milliards de dollars.

Une fortune composée de billets, or et diamants.

C'est au cours de ces affrontements, en diront les livres d'Histoire, qu'est tombé le frère de l'Émir, cheikh Fahd al-Ahmad al-Sabah, un passionné de football et grand ami d'un footballeur français bien connu.

Lors de cette invasion la majeure partie du « Trésor de l'Émir » a disparu et il n'a été récupéré que 8 milliards de dollars.

Que s'est-il passé lors de ces journées dramatiques ?...

Pour le savoir, mais aussi pour donner des pistes aux journalistes du monde arabe qui voudraient enquêter sur ces journées funestes, il faut se pencher sur le roman « Laudato Si... » mis en ligne par « I-Cube » pendant l'été 2016.

Ces textes fourmillent d'informations mais elles doivent être retenues avec toute la rigueur qui s'impose car elles sont extraites d'un roman, d'une fiction, et je me dois de rappeler l'avertissement affiché en préambule de chaque chapitre :

> *Avertissement : Vous l'aviez compris, ceci n'est qu'un roman, une fiction, une « pure construction intellectuelle », sortie tout droit de l'imaginaire de son auteur.*
>
> *Toute ressemblance avec des personnages, des lieux, des actions, des situations ayant existé ou existant par ailleurs dans la voie lactée (et autres galaxies), y compris sur la planète Terre, y est donc purement, totalement et parfaitement fortuite !*

EXTRAIT du chapitre XIII du roman « Laudato Si…» du site « flibustier20260.blogspot.fr » qui est aussi repris sur le site « Alerte éthique [7] ».

« … Vers 4 h 30 du matin, heure locale (01 h 30 GMT), avant l'aube qui va pointer, une escouade d'une trentaine de commandos irakiens lourdement équipés débarque à la faveur de la nuit d'un cargo à quai depuis le début de la soirée. Ils sont embarqués par des civils dans des Toyota et filent devant le palais Dasman, la résidence royale.

Tous les occupants sont alors réveillés par des rafales de tirs qui viennent de la rue et des jardins : c'est la panique, mais la garde et la police, arrivée en renfort, repousse une première attaque, puis une seconde.

Le général Ali se rappelle de l'avertissement de « Gérard » : il s'agit de convaincre son grand-oncle d'évacuer en voiture blindée et de mettre les membres proches de l'émir à l'abri dans l'ambassade US, sise à quelques pâtés de maison de là.

D'autant que 30 minutes plus tard, le poste frontière signale l'arrivée des blindés !

Là, c'est grave… L'émir est dans une rage folle : il faut envoyer la 35ème brigade blindée pour barrer le passage et faire décoller la chasse !

---

[7] http://www.alerte-ethique.fr/news/voyage-temporel-retour-a-koweit-city-en-1990-vi/

Les sirènes résonnent dans la ville : hier, toute la journée, des rumeurs les plus folles avaient circulé à l'annonce de l'échec de la dernière tentative de conciliation diplomatique.

Et puis commencer à songer à l'évacuation du trésor royal...

Moins d'une heure plus tard, l'émir sera évacué vers l'ambassade des USA voisine en voiture blindée, après que le parcours ait pu être sécurisé tant bien que mal dans la nuit qui meurt.

C'est un peu la panique des grands jours historiques.

Le général Ali croise l'américain déjà sur place : « *Il est où le français ?* »

Pas vu.

« *Il faut qu'on trouve des camions, des gros !* »

William n'en croit pas ses oreilles... Trouver des camions ?

Et pourquoi faire ?

Le trésor évacue, comme prévu par Gérard : incroyable !

Des camions, il y en a sur les chantiers voisins.

Ils partent tous les deux en chasse de semi-remorques situés sur le port.

Pendant que Paul est pied au plancher sur l'autoroute du retour vers le téléscripteur de l'AFP.

Cette saloperie de pickup, pourtant bien froid, aura refusé de démarrer alors que les chars irakiens avançaient déjà à vive allure : le pickup aurait besoin d'une bonne révision !

Scène ubuesque, Alex est au volant pendant que Camile et Paul pousse l'engin. Ils se font même dépasser par les chars de tête de la colonne dans leur manœuvre avant que leur véhicule ne daigne démarrer, seconde engagée, embrayage-sec alors qu'ils courent déjà à quelques kilomètres/heure : une manœuvre impossible avec une boîte automatique !

Paul reprend le volant et ils doublent les blindés.

À cette allure, une demi-heure plus tard, ils croisent à Al Jahra les chars Chieftain de la 35èmebrigade blindée koweïtienne qui se mettent déjà en position, pour en avoir reçu l'ordre vers 04 h 30. Finalement, peut-être que si Paul n'avait pas eu sa conversation avec le général Ali, ceux-là n'auraient pas réagi si promptement.

À 05 h 00 du matin, le bataillon koweïtien est renforcé d'une compagnie de BMP-2 et d'une batterie d'artillerie de 155 mm, principalement composés de « bidounes » et prennent en embuscade vers 05 h 30, heure locale, la colonne irakiennes des 350 chars la division blindée Hammourabi de la garde républicaine irakienne, qu'ils ralentiront dans sa progression jusqu'à épuisement des munitions.

Car les Koweïtiens battront en retraite en Arabie saoudite, faute justement de munitions et de logistique.

Ce sera la « bataille des ponts », également connue sous le nom de bataille de « Jal Atraf ».

Le dernier des quelques chars Chieftain déployés continue de se battre jusque dans l'après-midi du 4 août dans les faubourgs de Koweït-city, pendant que l'aviation, totalement prise au dépourvu, sans plan de bataille, sans information, sans ordre d'officiers supérieurs fuit dans le désordre vers l'Arabie saoudite pour sauver les matériels et les hommes qui trouvent des véhicules et le peuvent encore.

Paul parvient aux locaux de l'agence vers 6 heures, heure locale, 3 heures GMT où Camille finit par envoyer « son » télex « historique » en urgence.

La guerre du Koweït est engagée et va durer deux jours.

Puis il file avec son paquetage à l'épaule vers le palais Dasman.

C'est là-bas que son destin l'attend.

Il ne lui est pas trop difficile de retrouver William sans « t » qui s'agite autour des camions « empruntés », un semi surmonté d'un conteneur de 40 pieds sur son plateau qu'il faut d'abord vider, avant d'y enfourner des cantines bourrées vraisemblablement de billets de banque ou de lingots d'or.

D'autres sont jetées en vrac dans un camion qui porte une benne de chantier.

Le pickup de Paul est réquisitionné par Ali, presque soulagé de croiser Paul, pour embarquer également de la cargaison qui sort des sous-sols du palais, jetés en désordre par des soldats affolés.

La manœuvre dure longtemps avant que deux premiers chargements s'ébrouent vers les ambassades US et de GB.

Mais l'un d'entre eux fera demi-tour : les chars sont déjà sur le port et ça mitraille sévère.

L'autre aura été arraisonné et saisi par les irakiens.

Des hélicoptères survolent la ville rajoutant au brouhaha dantesque.

Finalement Ali grimpe dans le pickup de Paul.

« *On file à ton ambassade !* »

Pas la peine, elle sera investie et pillée dans quelques jours...

« *Il faut plutôt sortir du pays tant il est encore temps. Je vous propose Ryad. Votre ambassade !* »

Le général Ali interpelle cheikh Fahd al-Ahmad al-Sabah, le frère de l'Émir qui organise à la fois la résistance et l'évacuation avant de grimper dans la cabine du semi-remorque.

« *Et William ?* »

Il pilote le semi, devant.

« *On les suit et je vous guide !* »

Si le pickup de Paul veut bien démarrer...

Et là, le miracle, lui-même sans doute affolé des rafales d'armes automatiques, il consent à se bouger dès le premier tour de clé : comme quoi, l'instinct de survie joue même avec les choses inanimées !

Le mini-convoi s'ébroue à son tour.

Et Paul stoppe abruptement.

« Shit ! My great uncle Fahd ! »

Le frère du roi gît dans son sang, la tête à moitié arrachée par une balle alors que « son » camion a démarré en trombe vers le sud du pays.

Ali sort son arme de poing pour constater le décès de son autre grand-oncle : ils sont plusieurs comme ça.

On fait quoi, maintenant ?

« Qu'est-ce qu'il en dit, votre ordinateur ? »

Paul ne l'a pas avec lui...

« On le suit et on le rattrape ! Je vais lui faire la peau ! Inch Allah ! »

Vu le train d'enfer, les tirs des hélicoptères qu'il faut éviter, le désordre dans les rues, la panique des gens leur faisant faire n'importe quoi, et l'avance prise par William...

Passons : on peut toujours essayer.

Saddam Hussein aura lancé 100.000 hommes fortement armés et aguerris par 10 ans de conflit avec l'Iran. L'attaque a été foudroyante : les forces irakiennes sont parvenues dans le centre de Koweït-City, la capitale en 4 heures seulement après le début de l'opération.

Les divisions ont alors rapidement encerclé l'aéroport, le palais de l'émir cheikh Jaber al-Ahmad al-Sabah, venus porter l'estocade des commandos débarqués plus tôt, et les principaux ministères.

Des blindés ont également pris position sur les grandes artères.

Devant cette attaque éclair, l'armée koweïtienne, qui ne compte que 20.000 hommes, n'a pratiquement rien pu faire pour stopper l'ennemi. Un premier bilan fait état de 200 morts.

Des troupes koweïtiennes ont tenté en vain de déloger les forces irakiennes du palais de l'Émir peu après la fuite du chef de l'État vers l'Arabie Saoudite.

C'est au cours de ces affrontements, en diront les livres d'Histoire, qu'est tombé le frère de l'Émir, cheikh Fahd al-Ahmad al-Sabah, un passionné de football et grand ami de Michel Platoche.

Alors qu'il aura été assassiné, abattu à bout touchant par le journaliste américain...

Dès 9 heures, la radio nationale irakienne a annoncé la fermeture des frontières et la mise en place d'un « gouvernement provisoire du Koweït libre », ajoutant que l'invasion avait été décidée pour venir en aide à de « jeunes révolutionnaires » qui voulaient renverser « un régime traître impliqué dans des complots sionistes et étrangers ».

Vers midi, le speaker officiel précisait que les forces irakiennes contrôlaient le Koweït.

Le Koweït n'existe plus désormais en tant qu'État souverain... »

Seconde reprise du roman « Laudato Si... » de « I-Cube » : chapitre XIV [8] , le « heure par heure » disponible aussi sur le site « Alerte éthique [9] »

---

[8] http://flibustier20260.blogspot.fr/2016/08/laudato-si-xiv.html

[9] http://www.alerte-ethique.fr/news/voyage-temporel-retour-a-koweit-city-en-1990-vii/

Avertissement : Vous l'aviez compris, ceci n'est qu'un roman, une fiction, une « pure construction intellectuelle », sortie tout droit de l'imaginaire de son auteur.

Toute ressemblance avec des personnages, des lieux, des actions, des situations ayant existé ou existant par ailleurs dans la voie lactée (et autres galaxies), y compris sur la planète Terre, y est donc purement, totalement et parfaitement fortuite !

« Le général Ali ne décolère pas ! « Ce chien d'américain » a abattu son grand-oncle pour voler son pays : il doit payer pour ses crimes.

Et le voilà qui énonce une série de tortures et de mises à mort, heureusement en arabe que Paul ne comprend pas, qui aurait fait frémir d'effroi n'importe quelle âme bien-née.

Et puis il s'en prend à son chauffeur, Paul.

« *Chien de roumi, tu es son complice !* » fait-il en français à plusieurs reprises, en agitant son pistolet sous son nez.

« *Je ne sais pas ce qui me retient de t'abattre toi aussi !* »

Eh oh : on se calme !

« *Je ne suis pas armé et je ne suis pas américain ! Je ne le connais pas plus que ça, moi votre pote le ricain !* »

Ils leur faut rattraper le semi-remorque et ils s'engagent sur la route de Ryad, guidé par Ali qui connaît son pays, et tous ses chemins, comme le fond de sa poche.

« *J'ai l'impression qu'on la perdu : je ne le vois plus son nuage de poussière depuis un moment !* »

Et à l'allure où ils vont, ils auraient dû, sinon le rattraper, au moins l'approcher.

Paul ralentit, ce qui a le don d'énerver son illustre passager.

« Demande donc à ce piéton s'il a vu un gros camion fonçant à très vive allure. »

Ali préférerait accélérer.

Mais c'est Paul qui est encore « aux manettes » et tient le guidon. Le premier n'a rien vu, que des véhicules militaires et quelques voitures. Le second non plus.

Au troisième, c'est une évidence, River n'est pas passé par là...

« Ce chien a pris au plus court vers le poste frontière de la côte ! القرف، بدوره حولها ». Ce qui veut approximativement dire, demi-tour en comprend Paul vus les grands gestes que fait son général avec son flingue...

Sportif la traversée du terre-plein central, mais il s'exécute.

Mais c'est qui donc, ce River ? D'où le général le connaît ?

« – Un agent de la CIA ou d'une autre agence états-unienne du renseignement. Avec une vraie carte de journaliste. Il a déjà fait plusieurs séjours chez nous et nous gardons des contacts à chacun de ses passages.

– Mais pourquoi tenait-il vraiment à ce qu'on se rencontre ?

– Il nous signale l'arrivée d'agents nouveaux de puissances étrangères, quand il en détecte, contre quelques ragots sans importance en provenance de la cour du roi. Je suppose qu'il en fait des rapports à ses chefs. Ou peut-être des articles... J'ai lu deux ou trois « papiers » de lui qui traitent des affaires de pétrole. Des interviews de travailleurs américains sur nos installations aussi.

Et vous, me direz-vous qui vous êtes, finalement ? Je n'ai pas eu le temps de vérifier les informations que vous m'avez fournies... »

Paul se tâte... Mais comme il n'est plus pour très longtemps au Koweït et qu'il compte désormais renter à San Francisco rapidement pour avoir vu l'essentiel, pourquoi ne pas établir un contrat de confiance avec son passager-navigateur ?

« – *Mon général, dans une autre vie, je suis officier-pilote de réserve de l'aéronavale de mon pays.*

– *Quel grade ?*

– *Capitaine de frégate, frégaton, deux crans en-dessous d'un officier général, contre-amiral en l'occurrence !*

– *Tsss, ces occidentaux, décidément ! Amiral, c'est un terme d'origine arabe... Ça veut dire « prince des mers ». »*

Paul connaissait ce détail depuis déjà fort longtemps...

« – Pour l'heure, je ne suis qu'un témoin passif de ce qui se passe aujourd'hui.

– Ah oui, votre fameux logiciel « hypothético-déductif »... Et alors, c'est conforme à vos prévisions ?

– On peut dire ça comme ça, mon général !

– Et qu'est-ce qui va se passer, alors ?

– Une réaction internationale qui finira par jeter Saddam et libérer votre pays. Mais c'est une histoire de dingue qui va changer pas mal de choses dans la géostratégie de la région.

– Tant mieux ! Ces chiens ne méritent pas mieux... »

Ils passent le poste frontière très encombré d'une foultitude de véhicules en tout genre qui fuit l'arrivée imminente des blindés irakiens.

Ali en profite pour questionner les quelques gardes-frontières sur le départ, sur la présence du semi-remorque sur la route.

« – *Affirmatif ! Il est passé par là il y a moins d'une heure. S'il va jusqu'à Manama, on l'aura rattrapé dans quelques heures...*

– *Si on trouve de l'essence sur la route. On n'embarque pas quelques-uns de vos soldats, pour protéger notre chargement ?*

– *Je suis là pour ça !* » répond-il si sûr de lui.

Une station-service, ils en trouvent une sur le chemin. C'est qu'il y a 5 à 6 heures de route sous le soleil impressionnant, bordé d'un côté et de loin en loin, par la mer, de l'autre et sans discontinuer par le désert.

Au loin derrière eux, on peut apercevoir des volutes de fumée. Mais à peine plus que d'habitude, de celles que crachent les torchères des tours de cracking des raffineries d'or noir.

« – *Tu es militaire, le français. Est-ce que je peux te confier une arme en toute confiance ?*

– *Tu sais, les armes... Je pilotais des chasseurs-bombardiers, type Super-étendard. On a juste une arme de poing dans l'équipement de survie, en cas d'éjection. Mais je ne me suis jamais éjecté : ce n'est pas bon pour la colonne vertébrale !* » en rigole-t-il.

« *J'ai ta parole d'officier que tu mettras notre cargaison à l'abri, s'il m'arrive quelque chose ?* »

Et que pourrait-il lui arriver ?

« *On ne sait jamais... Et je ne fais pas totalement confiance dans ton logiciel, même si une fois réglée toute cette affaire, j'aimerai bien le voir tourner...* »

S'il savait...

« – *Parole d'officier : je n'ai aucun intérêt à taper dans la caisse et je ne le ferai pas. En revanche, j'aimerai bien qu'on se débarrasse de ton pognon le plus rapidement possible en filant sur Ryad.*

– *On a une ambassade sécurisée à Bahreïn. Et si le pont « Jisr al-Malik Fahd » est encore ouvert, on y sera avant la tombée de la nuit. Sans ça on poussera jusqu'à Doha, au Qatar.* »

La « chaussée du roi Fahd » a été inaugurée le 26 novembre 1986 et franchit la partie occidentale du golfe de Bahreïn, une portion du golfe Persique.

Ce pont relie la province saoudienne d'Ach-Charqiya au sud de la ville de Khobar dans l'est du royaume, à la côte occidentale de l'île principale de Bahreïn, dans le gouvernorat septentrional, en passant par l'île bahreïnienne d'Umm an Nasan.

Il permet de relier, par exemple, Dhahran qu'Ali et Paul s'apprête à atteindre, au nord de Khobar, à Manama, la capitale de Bahreïn, villes distantes d'une cinquantaine de kilomètres, en un peu plus de 50 minutes.

Il mesure 25 kilomètres de longueur, est constituée de 12.570 mètres de digues, réparties sur sept tronçons, composées de 7.770.000 m3 de sable consolidé par 3.140.000 m3 d'enrochements.

Ces kilomètres de digues sont interrompus en cinq endroits par 12.430 mètres de ponts construits avec du béton armé, y compris les 536 piles, et par les 1.500 mètres de route.

L'équipement routier proprement dit est de type autoroutier, constituée par deux chaussées de 11,6 mètres de largeur, comptant chacune deux voies de circulation et une bande d'arrêt d'urgence.

La chaussée part de la ville d'Al-'Aziziyyah, emprunte sur une distance d'environ 10 km, trois ponts de 934, 2.034 et 5.194 mètres de longueur interrompus par deux digues coudées, puis débouche sur une île artificielle.

Cette île de 0,66 km2 est située à l'aplomb de la frontière maritime entre les deux pays et elle accueille les postes de douane et des services, restaurants, mosquées, etc. sur une distance d'environ 2,5 km.

Du côté de Bahreïn la chaussée se prolonge sur environ 6,2 km avant d'arriver à Umm an Nasan. Elle emprunte alors un pont de 3.334 mètres de longueur.

À Umm an Nasan, la route traverse l'île sur 1.500 mètres à son extrémité nord et sur un dernier tronçon d'environ 2,8 km, la route franchit ensuite un nouveau pont de 934 mètres de longueur qui permet de gagner l'île de Bahreïn au niveau de la ville d'Al-Jasra.

Il aura fallu 5 ans de travaux et 1,2 milliard de dollars, entièrement financé par l'Arabie saoudite, pour relier l'île-pays à la péninsule arabique.

Mais ce jour-là, aucun des deux compères ne l'emprunteront.

Arrivés à Dhahran, Ali se fait confirmé qu'ils ont 20 minutes de retard sur William River. Et arrivés à Al-'Aziziyyah, ils n'ont aucun mal à repérer leur cible qui fait halte sur le parking.

River avait peut-être pipi sous ce soleil de plomb qui a viré à l'ouest, dans leur dos...

Ali se précipite dans la station-service, arme au poing, suivi de plus loin par Paul, le temps de serrer le frein-à-main et de se tâter à couper le contact : avec un moteur déréglé qui refuse de redémarrer quand il est chaud, s'ils doivent repartir en urgence, ce n'est peut-être pas opportun avec leur chargement.

Ceci dit, il n'est pas long à comprendre que les choses tournent mal : une rafale d'arme automatique coupera en deux le général Ali qui ripostera de deux coups de feu réflexe qui vont se perdre dans les faux-plafonds.

« JW » sort en courant du local alors que des cris de femme l'accompagnent.

Et il file vers son tracteur.

Paul l'ajuste, puis se ravise : il y a peut-être des gens dans le prolongement de son éventuel tir en direction de River, qui pourraient morfler quelques balles perdues.

Il attend un peu, genou à terre, l'arme confiée par le général Ali tenue à deux mains, et suit la silhouette de William sans « t » qui galope vers son bahut.

Il ajuste les jambes.

Tire deux fois.

Pour rien : sa cible a sauté dans la cabine et lâche une rafale au jugé pour se couvrir, ce qui fait s'allonger instantanément Paul à Terre, en se protégeant la tête...

Truc parfaitement inutile.

Quand il entend démarrer le camion, il se relève et vise les pneus de la remorque.

Là encore, initiative parfaitement inutile.

Troisième décision inutile, il finit par courir vers le lieu de la fusillade, laissant courir le camion et son chauffeur, pour trouver Ali agonisant, gisant dans une mare de sang, étalés dans une salle en panique et désordre total, comme si une tornade l'avait dévastée : la panique et la fuite multidirectionnelle des autres témoins viennent en surajouter au désordre.

« – Ah Gérard : tu es là ? File à Doha et va voir mon père à notre ambassade. Tu lui diras que je pense à lui et à maman.

– Attend, général, tu leur diras toi-même !

– Quel est ton vrai nom, Gérard ? »

Avant que Paul ne puisse répondre, Ali s'éteint, les yeux révulsés...

Des sirènes retentissent dehors. S'il ne veut pas perdre son temps indéfiniment en explications oiseuses, Paul aurait intérêt à déguerpir rapidement et se faire oublier.

Ce qu'il décide à faire. Pour une fois une décision pas totalement inutile...

Il y a encore quatre bonnes heures de route à faire et il arrive sans difficulté ni contrariété mais épuisé par sa journée riche en émotions à West Bay, Diplomatic Area où est posée l'ambassade de France.

En revanche, les explications à l'officier de permanence sont « un peu » compliquées.

Il faut comprendre : voilà un gars qui se pointe la tronche enfarinée, tout crotté et puant la transpiration, avec un pickup à bout de souffle, une carte de presse soi-disant perdue et un passeport trop neuf pour faire vrai, qui plus est, totalement affamé, dit arriver de Koweït-City désormais aux mains des armées irakiennes, avec un bout du trésor koweïtien en chargement et qui raconte qu'il veut voir l'ambassadeur du Koweït, ici à Doha, de toute urgence pour lui parler de son fils, un soi-disant général Ali.

On peut effectivement penser à un conte à dormir debout avec un ticket de logement en main !

Mais vérifications sommaires faites, il y a une vingtaine de cantines dans son véhicule, toutes pleines à craquer de billets de 100 dollars : une fortune que l'officier fait transférer immédiatement dans la « panique-room » de l'ambassade, la salle fortifiée en sous-sol où sont installées les équipements de sécurité et de communication avec Paris.

Ça vaut la peine de déranger le premier-adjoint de l'ambassadeur, qui fait « office de » pendant les vacances en métropole du diplomate titulaire de la fonction.

Celui-là, le général Ali, il a entendu en parler et il prend sur lui de communiquer avec le secrétaire de l'ambassade du Koweït, ici à Doha.

Ce dernier rappelle pendant que Paul se restaure sur le pouce : il a surtout soif et se désaltère de thé-noir brûlant !

Affreux... mais un excellent remède pour calmer la déshydratation.

Le temps de faire un rapide topo de la situation et Paul est convoyé sous bonne escorte dans un bâtiment voisin, fouillé et amené dans le bureau de l'ambassadeur, manifestement aux cent-coups compte tenu de la situation à moins de mille kilomètres de là, plus au nord, mais accompagné d'un sous-secrétaire de l'ambassade de France qui ne le quitte pas des yeux.

« – Vous arrivez de Koweït-city, Monsieur Gérard Dupont. Qu'elle y est la situation ?

– Catastrophique ! Il y a des chars irakiens partout et l'armée semble en déroute. Je suis arrivé avec le Général Ali. On poursuivait un camion volé par un journaliste américain du nom de William River. Il venait d'abattre cheikh Fahd al-Ahmad al-Sabah, son grand-oncle, paraît-il.

– Un de mes oncles, je confirme » intervient un petit bonhomme resté sur le côté.

« Votre excellence », poursuit Paul en se tournant vers lui, « nous avons rattrapé notre bonhomme à Al-'Aziziyyah sur la route de Manama. Et votre fils s'est fait haché par une rafale d'arme automatique. »

Grand moment de solitude dans la pièce richement décorée « à l'orientale »...

« – *Inch Allah ! Mon fils...*

– *Ses dernières pensées ont été pour vous et sa mère : il m'a demandé de vous porter le message que ses dernières pensées vous étaient destinées... à vous deux.* »

Nouveau moment poignant d'émotion compacte.

« – *Je n'ai rien pu faire pour lui, j'en suis désolé...*

– *Merci d'avoir fait tout ce chemin aussi vite. Il me faut informer sa mère. Puis-je quelque chose d'utile pour le messager que vous êtes ?*

– *Faites arrêter ce journaliste du Washington-Post. Il doit être arrivé à Manama avec son semi-remorque. Si j'ai bien compris la situation, vous devriez le trouver avec un conteneur de 40 pieds, vert-de-gris, rempli d'une partie du trésor royal de votre pays que cheikh Fahd al-Ahmad al-Sabah tentait d'évacuer.*

C'est un voleur et un double-assassin ! »

« Johnnie Walker », l'alias de William sans « t », River n'est hélas pas à Manama : il n'y est jamais arrivé !

Il s'est arrêté sur l'île-frontière, dessinant vaguement un huit posé dans la mer et vu du ciel, entre les deux pays, a stoppé son attelage sur le parking situé en amont des contrôles douaniers saoudiens et est rentré au Costa Coffee se rafraîchir.

Probable qu'il aura du mal à passer la frontière sans quelques questionnements et sans titre de transport pour sa marchandise.

Alors que Paul aura bénéficié de la fatigue de fin de journée des douaniers pour passer le même écueil comme une lettre à la poste : de toutes les façons, un véhicule avec des plaques koweïtiennes, ils en avaient vu passer toute l'après-midi, de ceux de citoyens fuyant les combats dans la précipitation avec des chargements plus hétéroclites les uns que les autres...

Mais pour « JW », ce n'est pas un véhicule de particulier, mais tout un camion.

Il passe alors un coup de téléphone directement à Washington, à sa rédaction.

« Alors tu es où ? Qu'est-ce qui se passe au Koweït ? Comment as-tu pu sortir ? », etc.

« – J'ai un problème... Je suis coincé à la frontière entre l'Arabie Saoudite et Bahreïn avec un chargement de grande valeur qui va être confisqué à la douane, alors qu'il n'est pas à moi.

– De quoi s'agit-il et à qui est-il ?

– C'est une partie du trésor royal koweïtien. Je ne sais pas combien il y a, mais c'est sûrement important. Peut-être plusieurs milliards de dollars. Et au moins des centaines de millions en billets de banque ! »

Sifflement d'étonnement à l'autre bout du fil.

« – J'étais au palais royal au moment de l'assaut des irakiens, pour y faire des photos. Toujours sur la brèche pour ramener des clichés impressionnants pour la boutique ! J'y ai croisé cheikh Fahd al-Ahmad al-Sabah. Et on devait convoyer ce

chargement jusqu'à leur ambassade à Ryad à travers le désert : ils ont bien voulu que je les accompagne.

Mais ça n'a pas été possible et le cheikh a été abattu par les irakiens. Alors j'ai pris la route de Manama.

– Bouge pas coco ! C'est de la bombe, ton affaire ! Tiens-toi près du téléphone d'où tu appelles. Je fais intervenir le boss et on te rappelle.

– Je suis au restauroute du coin. Faites vite, je meurs de fatigue. »

L'information est rapidement relayée jusqu'au Pentagone, qui redescend très vite jusqu'à l'ambassade de Manama, qui dépêche une équipe de sécurité détachée sur site.

Au milieu de la nuit, William est averti qu'on s'occupe de lui jusqu'au plus haut niveau.

Qu'il se tienne prêt à recevoir des « boys » en civil qui vont assurer sa protection et celle de sa cargaison jusqu'à l'arrivée de moyens d'évacuation.

Effectivement, une demi-heure plus tard, des concitoyens en civil l'air méfiant et « pas commode » frappent au carreau de son tracteur : des GI de l'ambassade.

Il n'a même pas eu le temps de compléter son « butin personnel », ni de vérifier son chargement : trop crevé pour penser intelligemment !

En revanche, les gars, eux, ils font les vérifications élémentaires et confirment par radio-cryptée la nature de la cargaison du conteneur.

Au milieu de matinée suivante, cinq hélicoptères Sikorsky MH-53 de la Navy survolent l'île frontière au nez et à la barbe des saoudiens et des bahreïni et viennent se poser tour à tour à proximité du camion qui est vidé en quelques instants par une équipe de marins alors qu'un cinquième continue à cercler : une véritable invasion aéroportée !

En moins de dix minutes, à peine le temps de réagir, le contenu du conteneur est ainsi chargé dans les carlingues et part au large : direction l'USS Independance qui circule déjà au large, à presqu'une heure de vol, escorté de loin en loin par des F 14 qui assurent une protection aérienne !

Pénible, mais efficace et désormais le chargement volé aux koweïtiens à la barbe des irakiens est en sécurité.

Personne n'aura pensé à soumettre à une fouille en règle la sacoche à appareils photographiques du journaliste, où il s'était délesté de deux téléobjectifs assez volumineux pour y verser le « chargement personnel » du frère du roi abattu : plusieurs litres de diamants étincelants, taillés de mille feux, de toutes les couleurs et de toutes tailles ! »

Fin de l'extrait.

INTERPRÉTATION ET DÉCRYPTAGE DE L'ATUALITÉ RÉCENTE A LA DATE DU OCTOBRE 2017.

Je remercie « I-Cube » pour son autorisation de reproduire ce texte que j'ai communiqué à Son Excellence Sami Mohammad Al-Sulaiman, Ambassadeur du Koweït en France, à l'automne 2016, en même temps que j'envoyais le livre « Les milliards disparus de la guerre du Golfe » à Son Excellence et au général Benoît Puga [10], chef d'Etat-major particulier du Président de la République qui m'a remercié personnellement pour cet envoi.

Ce texte est dramatique et n'a pu qu'émouvoir Son Excellence Sami Mohammad Al-Sulaiman.

L'Ambassadeur du Koweït en France a très vraisemblablement communiqué les chapitres les plus intéressants du roman « Laudato Si… » de « I-Cube » à l'Emir du Koweït qui a pu s'enquérir, auprès des témoins toujours vivants de l'époque, de ce qui s'était réellement passé, car je rappelle que ce roman est avant tout un roman.

---

[10] http://www.alerte-ethique.fr/news/remerciements-du-general-benoit-puga/

Il est peu probable que l'information ait circulé dans l'ensemble des pays du Golfe, et en Arabie Saoudite, jusqu'à la mise en ligne en arabe sur le site libanais ahewar.org [11] le 19 juillet 2017 d'un ensemble d'information sur le détournement des indemnités de la guerre du Golfe.

Mais la diffusion à grande échelle, en langue arabe sur un site très lu, du dossier du détournement des « Milliards de la Division daguet », ainsi que les courriers envoyés aux Ambassadeurs du Koweït, des EAU et d'Arabie Saoudite en France, a très vraisemblablement provoqué une large communication du contenu de ce roman dans les Émirats, et en Arabie Saoudite.

Ceci serait une des raisons, si le contenu de ce roman est validé, pour laquelle le Roi Salman a rendu visite le 5 octobre 2017 à Vladimir Poutine pour développer d'importantes relations, y compris sur des ventes d'armes, avec la Russie.

Il est possible que nous assistions dans les mois et les années qui viennent à une vaste restructuration des relations entre les pays du Golfe et l'Arabie Saoudite, avec les USA et les BRICS compte-tenu que si les passages précédents sont validés par des journalistes du monde arabe le ressentiment provoqué pourrait affaiblir l'influence américaine au Moyen-Orient.

---

[11] www.ahewar.org/debat/show.art.asp?aid=565790

Chapitre XV

Création du « Parti de la mer – Normandie »

Après autant d'années d'efforts pour essayer de révéler le détournement des indemnités de la guerre du Golfe de 1991, je ne peux que constater que l'ensemble de la classe politique, des médias, de la presse, des hauts fonctionnaires, maintiennent une Omerta funeste qui commence à se retourner contre le gouvernement car, maintenant, les pays arabes sont très bien informés sur le dossier.

Celui-ci peut passer en « phase explosive » à tout moment et il est souhaitable que, plutôt que d'être le jouet de puissance étrangères, le gouvernement engage une "divulgation maîtrisée" qui sera certes éprouvante, mais moins difficile à gérer que si le scandale éclate soudainement au Proche et au Moyen-Orient.

Malgré tout, je suis effrayé de la résistance du système et de l'évolution de notre démocratie qui se transforme lentement mais sûrement en « dictature douce » où les citoyens seront endormis par des jeux, des distractions, et tenus à l'écart d'un débat politique devenu inexistant.

Aussi, je me suis orienté, il y a plusieurs années, vers la création d'un nouveau parti politique qui proposera d'importantes réformes politiques afin de redonner le pouvoir aux citoyens, d'avoir une information libre, et qu'une partie des élus, tout du moins les sénateurs, soient tirés au sort parmi des citoyens volontaires.

Vous trouverez ci-dessous quelques-unes des caractéristiques de cc nouveau parti politique, le « Parti de la mer – Normandie [12] », qui sera « libéral contrôlé » et dont le slogan sera « Des grands voiliers-écoles pour les jeunes Français et les jeunes Européens ».

Vous trouverez quelques-uns de ses principaux objectifs :

- Évaluer les besoins et la demande des Normands pour des grands voiliers-écoles par des sondages auprès des citoyens ;

Et, en fonction de l'attente du public et des institutions :

- Apporter une réelle formation humaine aux jeunes par la navigation à bord de grands voiliers-écoles ;
- Développer nos écoles maritimes civiles (ENSM, lycées maritimes) et militaires (École des mousses, Epide) ;
- Créer des "classes de mer" pour satisfaire les besoins exprimés par les jeunes ;
- Développer les relations maritimes avec les autres Régions européennes par la création de navigations commune avec des jeunes Européens embarqués sur des voiliers-écoles ;
- Organiser des courses de grands voiliers-écoles le long des côtes européennes, lors de navigations océaniques et de tours du monde ;

- Créer/développer un pôle normand de construction navale de Clippers (Cherbourg, Dieppe) ;

Plus généralement :

- Législatives au scrutin uninominal à un tour, de façon à ce qu'il n'y ait que deux ou trois groupes à l'Assemblée Nationale ;
- Tirage au sort des sénateurs parmi des citoyens volontaires de façon à ce qu'au Sénat il y ait autant de femmes que d'hommes, tous les âges, toutes professions, et que toutes les tendances politiques soient représentées ;

- Forte diminution du rôle de l'État qui doit se concentrer sur ses grandes fonctions régaliennes (Défense, Sécurité Intérieure, Justice, Diplomatie) ;

---

[12] http://euroclippers.typepad.fr/parti_de_la_mer/

- Financer correctement la Sécurité Sociale et inciter nos entreprises à se relocaliser avec la création d'une cotisation sur les Produits manufacturés pour le financement de la Sécurité Sociale (CSPM), voir la description sur le blog Alerte éthique [13] ;
- Contrôle des « Zone de non-droit » par la Police et l'Armée pour arrêter les trafics de drogue, d'armes et le mépris envers les femmes ;

- Neutraliser les « zones de non-droit » où prolifèrent des trafics de tous genres ;
- Dénucléariser la planète ;
- Développement la filière nucléaire au Thorium ;
- Développement de la fusion nucléaire.

- Et il faut se demander si nos régions ne devraient pas avoir le même type de compétences et d'autonomie que les Landers allemands afin d'éviter une centralisation excessive des pouvoirs à Paris.

Bien sûr, cette présentation est sommaire mais le programme est en cours d'élaboration et il est possible de le découvrir sur le blog « Parti de la mer – Normandie »

Chaque région maritime a ses propres caractéristiques géographiques, culturelles, et il est souhaitable de créer des partis régionaux, autonomes, qui définiront leur stratégie, leurs objectifs en fonction de leurs besoins.

L'un des buts est de créer un « Parti de la mer » en Martinique, Guadeloupe, Polynésie, Corse, Bretagne, etc...

La création de ce parti politique aura lieu au premier semestre 2018.

Nous aurons des candidats aux élections européennes en juin 2019.

---

[13] http://www.alerte-ethique.fr/tags/CSMP/

Epilogue

Cette cinquième édition de l'ouvrage « Les milliards disparus de la Division Daguet » fait le point du dossier à l'automne 2017.

Des vétérans qui ont fait la guerre du Golfe de 1991 demandent des comptes au ministre des Finances, au ministre de la Défense, au Premier ministre, au Président de la République, au Conseil Constitutionnel, au Défenseur des Droits, au sujet de la disparition des milliards de la Division Daguet.

Les destinataires renvoient le dossier au ministre de la Défense qui reste muet, tandis que la rumeur monte dans les mess, les carrés, les États-majors, mais aussi dans le monde arabe, en particulier au Liban, en Irak, au Koweït, dans les Émirats arabes Unis et en Arabie Saoudite.

Nous allons vers une crise politique très grave, qui pourrait avoir lieu au début 2018, et montrera surtout que nos institutions ont besoin d'être améliorées.

Nous allons vers une « remise à plat » du système et cela risque de ne pas se limiter à notre pays car le scandale qui éclatera pourrait bien prendre une dimension insoupçonnée compte-tenu des implications Outre-Atlantique.

La solution pour repartir sur des bases saines passera vers plus de démocratie, plus de liberté, plus de responsabilité pour les citoyens qui doivent enfin contrôler réellement leurs dirigeants politiques.

L'instauration du tirage au sort des sénateurs est l'une des meilleures façons d'y parvenir.

Jean-Charles DUBOC

Site « Euroclippers » :

http://euroclippers.typepad.fr/

Créé en octobre 2006.

Objet : *« Un projet de navigations éducatives, en équipage, à bord de grands voiliers-écoles, pour les jeunes Français et les jeunes Européens, dans le but de leur faire découvrir la mer et l'Europe dans le cadre d'un « Erasmus maritime » et de développer le coopération entre les régions européennes.*

1. **Site « Alerte éthique »** Typepad :
http://euroclippers.typepad.fr/alerte_ethique/

Créé en juin 2008

Objet : *« Ce blog analyse les réformes à faire pour assurer un avenir à notre démocratie »*

Site « **Alerte-éthique.fr** » :
http://www.alerte-ethique.fr/

Créé en mai 2014.

Objet : *« Pour le développement de la démocratie directe et le tirage au sort d'une partie des représentants du peuple »*

2. **Association AVIGOLFE :**

http://www.avigolfe.com/

3. **Affaire Basano/Ferrayé** :

Disponible sur le site « Alerte éthique » :

http://euroclippers.typepad.fr/alerte_ethique/affaire-basanoferray%C3%A9/

4. **Roman « Opération Juliette-Siéra »**

Disponible sur le blog de « L'Incroyable Ignoble Infreequentable » alias « I-Cube » :

http://infreequentable.blogspot.fr/2010/05/operation-juliette-siera.html

5. **Roman « Mains Invisibles »**

Disponible sur le blog de « L'Incroyable Ignoble Infreequentable » alias « I-Cube »

http://infreequentable.over-blog.com/article-mains-invisibles-1-121872254.html

www.ingramcontent.com/pod-product-compliance
Lightning Source LLC
Chambersburg PA
CBHW060150300526
45790CB00014B/398